3

저자 이재환(Victor Lee)

[약력]
FTC외국어연수원 원장 역임
시사외국어연수원장 역임

[활동]
MBC 9시 뉴스데스크 출연
KBS 1TV 9시 뉴스데스크 출연
KBS 2TV 뉴스광장 출연
YTN 뉴스 출연
MBN 뉴스 출연
경향신문 X매거진 특집인물기사
주간인물 표지모델 선정
미국 시카고 한인방송 인터뷰 특집기사
미국 LA 한인방송 인터뷰 특집기사
캐나다 한국일보 인터뷰 특집기사
캐나다 동아일보 인터뷰 특집기사
교육대상 수상
국내 학교 및 관공서, 학원 약 500여 개소 프로그램 공급

[저서 및 개발]
음성인식영어로봇 세계최초 개발(프레스센터 언론 기자 회견)
AMT(영어문장자동암기프로그램)개발
기적의 영어기억법 저술
분리합성언어교육프로그램 이론 발표
영어 구절반복 특허 등록
AMS(영어자동암기시스템) 개발
기타 약 50여종의 교재와 30여종의 교육관련 특허 출원

Recording

Native Speaker
Kristen

education
B.A. in English Literature at University of California, Los Angeles(UCLA)
M.A. in TESOL at California State University, Los Angeles

work experience
Power English at EBS radio, host **(current)**
Business English, EBS radio, co-host **(previous)**
English Go, EBS radio, reporter
Ewha Woman University, full-time lecturer
Hanyang University, part-time lecturer

Korean

석원희 (KBS성우) **(previous)**

신혜경 (KBS성우) **(previous)**

문단기

문답식
단어연상
기억

③

UNIT 117 – 174

(WORDS 1393– 2088)

한교연

문답식 단어연상 기억 (특허출원전문)

【발명의 배경】

외국어를 공부하는 학습자들이 가장 어려움을 겪는 부분이 단어학습이다.

초·중등 필수단어가 약 1,600 단어이고, 고교 필수단어가 약 4,200 단어이므로, 중복되는 단어를 제외하더라도 제대로 된 영어 학습을 위해 약 5,000개 이상의 단어를 완벽히 소리와 함께 암기해야 하는 실정이다.

최근, 한 통계에 따르면 고등학교 졸업생 중 고교 필수단어를 정확한 발음과 함께 모두 기억하고 있는 학생은 1%도 안 되고, 서울대를 포함한 상위 대학에 입학한 학생들 중에서도 다수의 학생들이 고교 필수단어 모두를 기억하지는 못하는 것으로 나타났다. 이러한 이유는 종래의 단어 기억 방법이 단순 반복 암기에 의해 이루어지기 때문으로 학습한 단어가 단기간은 머릿속에 기억되어 있다가 반복 학습을 하지 않게 되면 기억에서 바로 사라져버리기 때문이다. 실제로 영어 단어를 암기하는 경우 몇 시간이 지나면 약 50% 정도가 기억에서 사라지게 되고, 며칠이 지나면 70% 정도, 한 달 후에는 대부분의 단어들이 기억에서 사라지는 경험을 누구나 하게 된다.

따라서 암기한 단어를 지속적으로 기억하기 위해서는 수십 번에서 수백 번의 반복학습을 주기적으로 해주어야 하는데, 이렇게 암기한 단어가 기억에서 지워지고 다시 학습하는 과정에서 학습자들이 단어 암기 학습에 지쳐서 단어 암기 학습을 포기하고 있는 실정이다.

【과제의 해결 수단】

"한번 들으면 영원히 기억되기 위해" 국내 최초로 시도된 **7**가지

① 국내 최초 4200개 연상 질문 원고(연상기억)	② 국내 최초 4200개 연상 답 원고(연상기억)
③ 국내 최초 4200개 연상 질문 삽화(이미지기억)	④ 국내 최초 4200개 연상 답 삽화(이미지기억)
⑤ 국내 최초 KBS 남녀 성우 연상 질문/답 녹음	⑥ 국내 최초 원어민 3회 연속 챈트식 녹음
⑦ 8400개 삽화 애니메이션(영상 학습물)	

【발명의 효과】

한번 학습한 단어가 연상에 의해 오랜 기간 동안 기억 속에 남게 되므로 최상의 학습효과를 얻을 수 있는 뛰어난 효과를 갖는다. 문답 형식의 연상 기억법을 통해 영어 단어를 기억할 수 있도록 함으로써 학교나 학원 등의 교육기관에서 선생님과 학생들 사이 또는 학생들끼리 조를 나누는 등의 방법에 의해 문답식 수업이 가능하게 되므로 학생들이 단어학습에 흥미를 느끼게 되고 보다 능동적으로 수업에 참여할 수 있게 되어 학습 능률을 향상시킬 수 있는 효과를 추가로 갖는다.

끝으로 '문단기' 연상 원고, 녹음, 삽화, 그리고 영상을 제작하기 위해 기간이 약 5년 정도가 소요됐으며 참여한 인원도 약 100여명이 참여되어 제작될 정도로 대하소설이나 대작의 영화라고 해도 과언이 아니다.

특히 이번에 본 개발을 위해서 국내 최초로 시도된 제작법만 7가지가 된다. '문단기'는 **영상과 함께 학습**하여야 그 학습 효과를 제대로 볼 수 있으며 가능하면 영상물도 같이 구매하여 학습하기 바란다. '문단기'가 영어 단어 학습으로 힘들어하는 대한민국 모든 학습자들에게 희망이 되길 바라면서…

문답식 단어연상 기억으로

재미있고 쉽게 영어 단어를 학습하기를 기대합니다.

저자 이재환

영상 학습법

✎ STEP 1

한글로 문장 연상 단계

▶ 단어의 뜻을 넣어 연상이 되도록 질문
▶ 단어의 음을 넣어 연상이 되도록 대답
　질문: 한국인 여자 성우
　대답: 한국인 남자 성우 ---- 2회 반복
▶ 영어는 생각하지 말고 큰 소리로 한국인 성우가 표현하는 우리말을 따라하면서 연상 문장을 기억할 것
▶ 리듬에 맞춰 경쾌하게 표현할 것

✎ STEP 2

연상된 문장 확인 학습 단계

▶ 음악만 흘러나오면서 입 그림이 좌측에서 우측으로 움직인다.
▶ 입 그림이 좌측에서 우측으로 갈 때까지 연상 문장을 표현
▶ Step 1에서 연상한 문장을 바로 표현해 본다.
▶ 영어는 몰라도 한국어 연상은 바로 됨
▶ 한국어 연상 문장 안에는 영어 뜻과 음이 모두 들어 있음

✎ STEP 3

영어 뜻과 음 기억 단계

▶ 연상 문장 1회 흘러 나온다
▶ 다시 한 번 연상 문장을 표현한다.
▶ 단어의 뜻을 한국인이 말하고
▶ 바로 이어 원어민이 영어음을 리듬에 맞춰서 3번 경쾌하게 읽는다.
▶ 원어민 음에 따라서 3회 큰 소리로 표현

✎ STEP 4

요새 앞에 나무가 몇 그루 있나요?

요새 앞에 포 트리스 (four trees), 네 그루의 나무가 있어요.

fortress

요새 ▶ 포트리스

최종 기억 단계

▶ **한글 뜻에 이어서 원어민의 영어음이 3번 리듬에 맞춰 흘러 나온다.**
▶ 다시 한 번 뜻을 표현하면서 영어음을 3번 같이 따라서 발음
▶ 영어 음을 발음할 때 영어 철자를 눈으로 정확히 익힌다.

✎ STEP 5

요새
fortress

기억 확인 단계

▶ **성우가 한글 뜻을 말한다**
▶ 한글 뜻을 듣고 바로 영어로 표현
▶ 입모양이 좌측에서 우측으로 가기 전에 영어로 표현
▶ 입모양이 우측으로 가면서 영어 철자가 나타난다.
▶ 영어 철자가 나타날 때 본인이 표현한 것이 맞는지 확인하면서 다시 한 번 영어로 표현

교재 학습법

✎ STEP 1

한글 연상 단계

▶ 영어는 생각하지 말고 우리말만 생각하고 연상문장을 머리에 기억합니다.
▶ 연상기억을 할 때 그림을 같이 보면서 연상기억이 오래 남도록 합니다.
▶ 연상기억을 할 때 기억을 해야겠다는 마음을 강하게 가지고 집중을 하면서 기억효과가 좋습니다. (두뇌도 발달됨)
▶ 큰 소리로 기억할 때마다 ①②③에 ✔표시를 하세요.

✎ STEP 2

한글 연상 단계

▶ STEP1에서 암기한 연상 문장을 이제 그림만을 보고 연상문장을 떠 올려서 큰소리로 말합니다.
▶ 큰 소리로 기억할 때마다 ①②③④⑤에 ✔표시를 하세요.

✎ STEP 3   연상 기억 확인 단계

1282	**elegant** [éligənt]	① ② ③ ④		기품 있는, 우아한	① ② ③ ④
3021	**qualification** [kwàləfikéiʃən]	① ② ③ ④		자격, 조건	① ② ③ ④
4142	**wilderness** [wíldəːrnis]	① ② ③ ④		황야, 황무지	① ② ③ ④

▶ 먼저 한글로 기억된 연상문장을 한번 말하고 바로 이어서 영어발음기호를 보고 정확히 큰 소리로 영어발음을 3번씩 합니다.
▶ 종이-등으로 좌측 영어 부분을 가리고 그림과 한글만을 보고 영어로 기억한 단어를 테스트 합니다.
▶ 종이-등으로 우측 한글 부분을 가리고 그림과 영어만을 보고 기억한 단어를 한글로 말하는 테스트를 합니다.

차 례

MoonDanGi

BOOK 3

✓ STEP 1

1393 ① ② ③

윤리학 선생님 오셨어~
얘야 어딨어(어)!
☺ 윤리학 ⇨ 에띡스

1394 ① ② ③

민족의 자유를 위해
애쓰니?
☺ 민족의 ⇨ 에띠닉

1395 ① ② ③

예절교육을 어디서 받은 거야?
참 에티켓도 없네.
☺ 예절 ⇨ 에티켓

1396 ① ② ③

커피의 어원이 뭔지 아니?
에티오피아의 카파(Kaffa)지방이 그
단어의 어원이란 말이지~
☺ 어원 ⇨ 에티말러쥐

1397 ① ② ③

안락사가 허용되려면?
유서를 내셔야 해요.
☺ 안락사 ⇨ 유싸네이시아

1398 ① ② ③

청각이 좋은지 어떻게 평가하나요?
이 벨(bell,종)로 에이트(eitght/8)듣기를
한 후 들은 숫자를 셉니다.
☺ 평가하다 ⇨ 이밸류에이트

1399 ① ② ③

음식이 모두 사라지기 전에?
입에 퍼 넣으래이.
☺ 사라지다 ⇨ 이배퍼레이트

1400 ① ② ③

탈세를 하기 위해서
이 배의 명의를 이전했어.
☺ 탈세 ⇨ 이베이션

1401 ① ② ③

그 분 조차도 법을 어겼어?
그리고 이 분도 법을 어겼어요.
☺ ~조차도 ⇨ 이-번

1402 ① ② ③

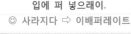

이번 주말엔 중대한?
이벤트가 풀(full)로 있어~
☺ 중대한 ⇨ 이벤트펄

1403 ① ② ③

결국
이벤트 경품은 쥬얼리(보석)로
정해졌어.
☺ 결국 ⇨ 이벤튜얼리

1404 ① ② ③

증거가 필요해요~
애미야, 애비 돈쓴 증거 나왔어.
☺ 증거 ⇨ 에비던스

1393	윤리학	1394	민족의	1395	예절

① ② ③ ④ ⑤   ① ② ③ ④ ⑤   ① ② ③ ④ ⑤

1396	어원	1397	안락사	1398	평가하다

① ② ③ ④ ⑤   ① ② ③ ④ ⑤   ① ② ③ ④ ⑤

1399	사라지다	1400	탈세	1401	~조차도

① ② ③ ④ ⑤   ① ② ③ ④ ⑤   ① ② ③ ④ ⑤

1402	중대한	1403	결국	1404	증거

① ② ③ ④ ⑤   ① ② ③ ④ ⑤   ① ② ③ ④ ⑤

1393	ethics [éθiks]	① ② ③ ④		윤리학	① ② ③ ④
1394	ethnic [éθnik]	① ② ③ ④		인종의, 민족의	① ② ③ ④
1395	etiquette [étikèt]	① ② ③ ④		에티켓, 예절	① ② ③ ④
1396	etymology [etimálədʒi]	① ② ③ ④		어원	① ② ③ ④
1397	euthanasia [jùːəənéiʒiə]	① ② ③ ④		안락사	① ② ③ ④
1398	evaluate [ivǽljuéit]	① ② ③ ④		평가하다, 검토하다	① ② ③ ④
1399	evaporate [ivǽpəréit]	① ② ③ ④		증발하다, 사라지다	① ② ③ ④
1400	evasion [ivéiʒən]	① ② ③ ④		회피, 빠져나감, 탈세	① ② ③ ④
1401	even [íːvən]	① ② ③ ④		~조차도, 더욱, 평평한	① ② ③ ④
1402	eventful [ivéntfəl]	① ② ③ ④		사건이 많은, 중대한	① ② ③ ④
1403	eventually [ivéntʃuəli]	① ② ③ ④		최후에는, 결국	① ② ③ ④
1404	evidence [évidəns]	① ② ③ ④		증거, 흔적	① ② ③ ④

✓ STEP 1

1405 ① ② ③

애미야 **분명히**~
애비가 돈 들고튀었어.

☺ 분명한 ⇨ 에비던트

1406 ① ② ③

나쁜 놈에게 무슨 말을 해줘야 할까요?
이 벌 받을 놈아! 라고 얘기해 줘.

☺ 나쁜 ⇨ 이-벌

1407 ① ② ③

연애 때 추억을 **불러일으킬 수 있어요?**
이보우~ 크다란 달을 보구려.

☺ 불러일으키다 ⇨ 이보우크

1408 ① ② ③

나비가 **발전**되기 전에는 어떤 형태야?
애벌레요!

☺ 발전 ⇨ 에벌루-션

1409 ① ② ③

그 성형외과 의사는 얼굴을 어떻게 **발전시켰어?**
이 넓은 볼을 브라인으로 발전시켰어.

☺ 발전시키다 ⇨ 이볼브

1410 ① ② ③

정확한 목표물을 맞힌 제트기는?
이구아나 모양 제트기야.

☺ 정확한 ⇨ 이그잭트

1411 ① ② ③

정확한 답으로 고쳐와!
이거 죄다 틀린 답이야.

☺ 정확히 ⇨ 이그잭틀리

1412 ① ② ③

저 친구 너무 **과장하는** 거 아니야?
"이그~ 재 원래 저래."

☺ 과장하다 ⇨ 이그재져레이트

1413 ① ② ③

과장이 심하네?
"이그~ 재 원래 저러셔."

☺ 과장 ⇨ 이그재져레이션

1414 ① ② ③

부처님 뜻을 **높이기** 위해?
이그 절해야지!

☺ 높이다 ⇨ 이그조울트

1415 ① ② ③

시험이 쉬워서~
이거 재미있네이션~

☺ 시험 ⇨ 이그재머네이션

1416 ① ② ③

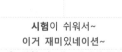

선생님이 어떻게 **조사했니?**
"이그~ 네가 재 민거야?"하고.

☺ 조사하다 ⇨ 이그재민

1405 분명한	1406 나쁜	1407 불러일으키다
① ② ③ ④ ⑤	① ② ③ ④ ⑤	① ② ③ ④ ⑤

1408 발전	1409 발전시키다	1410 정확한
① ② ③ ④ ⑤	① ② ③ ④ ⑤	① ② ③ ④ ⑤

1411 정확히	1412 과장하다	1413 과장
① ② ③ ④ ⑤	① ② ③ ④ ⑤	① ② ③ ④ ⑤

1414 높이다	1415 시험	1416 조사하다
① ② ③ ④ ⑤	① ② ③ ④ ⑤	① ② ③ ④ ⑤

1405	evident [évidənt]	① ② ③ ④		분명한, 명백한	① ② ③ ④
1406	evil [íːvəl]	① ② ③ ④		나쁜, 사악한, 불길한	① ② ③ ④
1407	evoke [ivóuk]	① ② ③ ④		불러일으키다	① ② ③ ④
1408	evolution [evəlúːʃən]	① ② ③ ④		전개, 발전, 진화	① ② ③ ④
1409	evolve [iválv/ivólv]	① ② ③ ④		발전시키다, 진화시키다	① ② ③ ④
1410	exact [igzǽkt]	① ② ③ ④		정확한, 엄밀한	① ② ③ ④
1411	exactly [igzǽktli]	① ② ③ ④		정확히, 꼭	① ② ③ ④
1412	exaggerate [igzǽdʒeréit]	① ② ③ ④		과장하다, 악화시키다	① ② ③ ④
1413	exaggeration [igzǽdʒəréiʃən]	① ② ③ ④		과장, 과대시	① ② ③ ④
1414	exalt [igzɔ́ːlt]	① ② ③ ④		찬양하다, 높이다, 향상시키다	① ② ③ ④
1415	examination [igzæ̀mənéiʃən]	① ② ③ ④		시험, 조사, 검사	① ② ③ ④
1416	examine [igzǽmin]	① ② ③ ④		조사하다, 시험하다, 심문하다	① ② ③ ④

✓ STEP 1

1417 ① ② ③

엄마~ **견본**, 이렇게 하면 돼요?
이그, 잼은 유리 용기에 담아야 해.

☺ 견본 ⇨ 이그잼펄

1418 ① ② ③

아빠를 왜 **화나게 했니?**
"이거 정확히 재서 푸레이~" 했는데
대충 해서.

☺ 화나게 하다 ⇨
이그재스퍼레이트

1419 ① ② ③

한 명**보다 뛰어난** 것은?
역시 두 명이야.

☺ ~보다 뛰어나다 ⇨ 익시-드

1420 ① ② ③

업무에 **출중한** 프로그램은?
엑셀 프로그램이야.

☺ 출중하다 ⇨ 익셀

1421 ① ② ③

이번 리셉션에서 **제외**할 것은?
케익을 리셉션에서 제외할 거야.

☺ 제외, 예외 ⇨ 익셉션

1422 ① ② ③

인적이 **드문**
이 샘물은 서늘해서 좋다!

☺ 드문 ⇨ 익셉셔널

1423 ① ② ③

책을 **인용**하여 쓴 논문은?
액체 설탕 연구논문.

☺ 인용 ⇨ 엑섭트

1424 ① ② ③

과다하게 부어서
액체가 샜어.

☺ 과다 ⇨ 익세스

1425 ① ② ③

물품 **교환**하는 곳 앞에서
"**여서**(여기서)
체인지(change,바꾸다)해주나?"

☺ 교환(하다) ⇨ 익스체인쥐

1426 ① ② ③

어떤 사이트가 널 **흥분시켜?**
"**이 사이트.**"

☺ 흥분시키다 ⇨ 익사이트

1427 ① ② ③

큰 소리로 말하고 있는
저 우익수는 앞으로 클 애임.

☺ 큰소리로 말하다 ⇨ 익스클레임

1428 ① ② ③

벌목대상에서 **제외한** 나무는?
이 숲의 큰 우드(wood).

☺ 제외하다 ⇨ 익스클루-드

1417 견본	1418 화나게 하다	1419 ~보다 뛰어나다

① ② ③ ④ ⑤　　① ② ③ ④ ⑤　　① ② ③ ④ ⑤

1420 출중하다	1421 제외, 예외	1422 드문

① ② ③ ④ ⑤　　① ② ③ ④ ⑤　　① ② ③ ④ ⑤

1423 인용	1424 과다	1425 교환(하다)

① ② ③ ④ ⑤　　① ② ③ ④ ⑤　　① ② ③ ④ ⑤

1426 흥분시키다	1427 큰소리로 말하다	1428 제외하다

① ② ③ ④ ⑤　　① ② ③ ④ ⑤　　① ② ③ ④ ⑤

1417	example [igzǽmpəl]	① ② ③ ④		예, 견본, 모범	① ② ③ ④
1418	exasperate [igzǽspəreit]	① ② ③ ④		화나게 하다, 격노시키다	① ② ③ ④
1419	exceed [iksíːd]	① ② ③ ④		초과하다, ~보다 뛰어나다	① ② ③ ④
1420	excel [iksél]	① ② ③ ④		능가하다, 출중하다	① ② ③ ④
1421	exception [iksépʃən]	① ② ③ ④		예외, 제외	① ② ③ ④
1422	exceptional [iksépʃənəl]	① ② ③ ④		예외적인, 드문	① ② ③ ④
1423	excerpt [éksəːrpt]	① ② ③ ④		발췌, 인용	① ② ③ ④
1424	excess [iksés,ékses]	① ② ③ ④		과다, 초과, 부절제	① ② ③ ④
1425	exchange [ikstʃéindʒ]	① ② ③ ④		바꾸다, 교환하다, 교환	① ② ③ ④
1426	excite [iksáit]	① ② ③ ④		흥분시키다, 자극하다	① ② ③ ④
1427	exclaim [ikskléim]	① ② ③ ④		외치다, 큰소리로 말하다	① ② ③ ④
1428	exclude [iksklúːd]	① ② ③ ④		제외(배제)하다, 무시하다	① ② ③ ④

¹⁴²¹ 리셉션(reception) 접대, 환영회 / 리셉션룸(reception room): (호텔, 회사-등의) 직원이 있고 카운터가 있는 룸

✓ STEP 1

1429 ① ② ③	1430 ① ② ③	1431 ① ② ③
여기 **소풍**을 올 수 있게 된 건? 작았던 **이 숲**이 커져서. ☺ 소풍 ⇨ 익스컬-젼	발 밟고 어떻게 하면 **용서하니?** "**익스큐즈 미**,"하면 돼. ☺ 용서하다 ⇨ 익스큐-즈	배우가 **연기하느라** 고생이다 **억지로 큐트**(귀여운)한 미소연기를 잘 해. ☺ 연기하다 ⇨ 엑시큐-트
1432 ① ② ③	1433 ① ② ③	1434 ① ② ③
		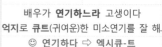
꼬마아이는 곧 **처형**될 곰 인형을? 애써 쿠션 뒤에 숨겼어. ☺ 처형 ⇨ 엑시큐-션	이 티비는 **실행하기** 어렵네? 응, **이거는** 재 티브이보다 신형이라 그래. ☺ 실행의 ⇨ 이그제커티브	이 파이는 다른 파이의 **모범이** **되었다**고· 들었어! **이거** 잼을 많이 풀어 만든 파이라 그래. ☺ ~의 모범이 되다 ⇨ 이그젬플리파이
1435 ① ② ③	1436 ① ② ③	1437 ① ② ③
어떻게 하면 세금을 **면제해** 주니? 이거 잼트럭에 실어서 가면 돼. ☺ 면제하다 ⇨ 이그젬트	진가가 **발휘되는** 부분은? **이 구절**이야. ☺ 발휘하다 ⇨ 이그절트	한숨을 **내쉬는** 사람들은 왜 그래? 엑스자로 생긴 **해일**의 피해를 입어서 그래. ☺ 내쉬다 ⇨ 엑세일
1438 ① ② ③	1439 ① ② ③	1440 ① ② ③
나무를 **고갈시키네?** 이곳저곳 숲의 나무를 베어서 그래. ☺ 고갈시키다 ⇨ 이그조-스트	너를 **지치게 한** 영화 제목이 뭐야? 이그~ 저 '**스팅**.' ☺ 지치게 하는 ⇨ 이그조-스팅	영수증을 **전시했어~** 이 그지(거지) 빚을 다 갚아줬구나. ☺ 전시하다 ⇨ 이그지빌

1429 소풍	1430 용서하다	1431 연기하다

① ② ③ ④ ⑤	① ② ③ ④ ⑤	① ② ③ ④ ⑤

1432 처형	1433 실행의	1434 ~의 모범이 되다

① ② ③ ④ ⑤	① ② ③ ④ ⑤	① ② ③ ④ ⑤

1435 면제하다	1436 발휘하다	1437 내쉬다

① ② ③ ④ ⑤	① ② ③ ④ ⑤	① ② ③ ④ ⑤

1438 고갈시키다	1439 지치게 하는	1440 전시하다

① ② ③ ④ ⑤	① ② ③ ④ ⑤	① ② ③ ④ ⑤

1429	excursion [ikskə́:rʒən]	① ② ③ ④		회유, 유람, 소풍	① ② ③ ④
1430	excuse [ikskjú:z]	① ② ③ ④		용서하다, 변명하다	① ② ③ ④
1431	execute [éksikjú:t]	① ② ③ ④		① (계획 따위를) 실행하다, 실시하다; 수행하다 ② 연기하다; 연주하다.	① ② ③ ④
1432	execution [èksikjú:ʃən]	① ② ③ ④		실행, 시공, 처형	① ② ③ ④
1433	executive [igzékjutiv]	① ② ③ ④		실행의, 행정의	① ② ③ ④
1434	exemplify [igzémplifài]	① ② ③ ④		예증하다, ~의 모범이 되다	① ② ③ ④
1435	exempt [igzémpt]	① ② ③ ④		면제하다, 면제된	① ② ③ ④
1436	exert [igzə́:rt]	① ② ③ ④		발휘하다, 쓰다, 노력하다	① ② ③ ④
1437	exhale [ekshéil]	① ② ③ ④		내쉬다, 내뿜다	① ② ③ ④
1438	exhaust [igzɔ́:st]	① ② ③ ④		고갈시키다, 소모하다, 지치게 하다	① ② ③ ④
1439	exhausting [igzɔ́:stiŋ]	① ② ③ ④		지치게 하는	① ② ③ ④
1440	exhibit [igzibit]	① ② ③ ④		전시하다, 나타내다, 전시, 진열	① ② ③ ④

✓ STEP 1

1441 ① ② ③	1442 ① ② ③	1443 ① ② ③
전시회를 망친 사람은? 직원에게 애써 비셨어.	외국으로 **추방할** 사람은? 이거 제일 독한 놈.	**생존해서** 돌아 온 사람 봤니? 이 그지(거지)가 스트리트(street)에 있더라고.
☺ 전시회 ⇨ 엑서비션	☺ 추방하다 ⇨ 에그자일	☺ 생존하다 ⇨ 이그지스트

1444 ① ② ③	1445 ① ② ③	1446 ① ② ③
이국적으로 생긴 택배아저씨가? 이그~ 쟈(재) 택배 왔어요.	왜 이 공간을 **확대했어?** 이 숲에 팬더가 많이 살 수 있도록.	앞에 광활한 **공간**을 메우고 있는 사람은? 그 가수의 공연에 익숙한 팬스(fans/팬들).
☺ 이국적인 ⇨ 이그자틱	☺ 확대하다 ⇨ 익스팬드	☺ 공간 ⇨ 익스팬스

1447 ① ② ③	1448 ① ② ③	1449 ① ② ③
이번 주말 **예정되어있는** 파티 어떻게 하고 갈 거야? 입술을 퍼펙트(perfect)하게 바르고 갈 거야.	이번 **탐험**은 어떻게 할 거야? 엑스자 형태로 퍼져선 할 거야.	이번에 **추방한** 사람은? 이 숲엘 다신 돌아오지 못해.
☺ 예정되어 있다, 기대하다 ⇨ 익스펙트	☺ 탐험 ⇨ 엑스퍼디션	☺ 추방하다 ⇨ 익스펠

1450 ① ② ③	1451 ① ② ③	1452 ① ② ③
어떻게 **노력을 들였니?** 토익을 수없이 공부하면서 책과 펜도 소비했어.	반찬 **비용**이 아까워서? 이 숲 펜스(fence/울타리)에서 나물을 캐먹어.	**경험**을 말해줘~ 이 슈퍼 린스가 좋아.
☺ 노력을 들이다 ⇨ 익스펜드	☺ 비용 ⇨ 익스펜스	☺ 경험(하다) ⇨ 익스피어리언스

1441 전시회	1442 추방하다	1443 생존하다

① ② ③ ④ ⑤	① ② ③ ④ ⑤	① ② ③ ④ ⑤

1444 이국적인	1445 확대하다	1446 공간

① ② ③ ④ ⑤	① ② ③ ④ ⑤	① ② ③ ④ ⑤

1447 예정되어 있다, 기대하다	1448 탐험	1449 추방하다

① ② ③ ④ ⑤	① ② ③ ④ ⑤	① ② ③ ④ ⑤

1450 노력을 들이다	1451 비용	1452 경험(하다)

① ② ③ ④ ⑤	① ② ③ ④ ⑤	① ② ③ ④ ⑤

1441	**exhibition** [èksəbíʃən]	① ② ③ ④		전람, 전시회	① ② ③ ④
1442	**exile** [égzail,éks-]	① ② ③ ④		추방하다, 망명(추방)자	① ② ③ ④
1443	**exist** [igzist]	① ② ③ ④		존재하다, 생존하다	① ② ③ ④
1444	**exotic** [igzátik]	① ② ③ ④		이국적인, 외국의	① ② ③ ④
1445	**expand** [ikspǽnd]	① ② ③ ④		펴다, 팽창시키다, 확대하다	① ② ③ ④
1446	**expanse** [ikspǽns]	① ② ③ ④		(바다·대지 등의) 광활한 공간, 넓디넓은 장소; 넓은 하늘.	① ② ③ ④
1447	**expect** [ikspékt]	① ② ③ ④		기대하다, 예정되어 있다	① ② ③ ④
1448	**expedition** [ekspədíʃən]	① ② ③ ④		원정, 탐험	① ② ③ ④
1449	**expel** [ikspél]	① ② ③ ④		추방하다, 몰아내다	① ② ③ ④
1450	**expend** [ikspénd]	① ② ③ ④		(시간, 돈, 노력을) 들이다, 소비하다	① ② ③ ④
1451	**expense** [ikspéns]	① ② ③ ④		지출, 비용, 제 경비	① ② ③ ④
1452	**experience** [ikspiəriəns]	① ② ③ ④		경험하다, 경험, 체험	① ② ③ ④

✓ STEP 1

1453 ① ② ③

실험을
이 숲에서 하려면 특별히 허가가
있어야 해.
☺ 실험 ⇨ 익스페러먼트

1454 ① ② ③

수학 **전문가**는
엑스(x)를 구하는 식을 보자마자 퍼뜩
풀어버렸어.
☺ 전문가 ⇨ 엑스펄-트

1455 ① ② ③

모든 게 **끝났**으니 자수해요!
익숙한 스파이도 오래 하면 잡혀요.
☺ 끝나다 ⇨ 익스파이얼

1456 ① ② ③

간호사가 환자에게 뭐라고 **솔직한**
표현을 했나요?
"이 수프 흘리시면 안돼요~"
☺ 솔직한 ⇨ 익스플리시트

1457 ① ② ③

마을이 **폭발했**어!
이크, 수풀로 들어와.
☺ 폭발하다 ⇨ 익스플로-드

1458 ① ② ③

어떻게 토끼를 잡는 **공**을 세웠니?
이 수풀로 유인해서.
☺ 공적 ⇨ 익스플로이트

1459 ① ② ③

탐구생활 책에는 뭐라고 쓰여 있었어?
엑스모양 뿔로, 오션(ocean/바다)앞에
엑스를 그리래.
☺ 탐구 ⇨ 엑스플러레이션

1460 ① ② ③

탐험하는 것은?
익숙하지 않은 것을 풀려는 정신에서
시작돼.
☺ 탐험하다 ⇨ 익스플로얼

1461 ① ② ③

어디를 **폭발**시킬까?
이 숲에 폭탄을 풀어 전쟁을 끝내자.
☺ 폭발 ⇨ 익스플로-전

1462 ① ② ③

뭘 **수출**하니?
자주 사용하는 익숙한 보트.
☺ 수출(하다) ⇨ 익스폴-트

1463 ① ② ③

아빠와 아들은 뭘 **보여줬**어요?
익숙한 포즈.
☺ 보이다 ⇨ 익스포-즈

1464 ① ② ③

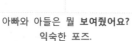

친절함으로 감사를 **표현한**
이삿짐센터는?
익스프레스 이삿짐센터.
☺ 표현하다 ⇨ 익스프레스

1453 실험	1454 전문가	1455 끝나다

① ② ③ ④ ⑤	① ② ③ ④ ⑤	① ② ③ ④ ⑤

1456 솔직한	1457 폭발하다	1458 공적

① ② ③ ④ ⑤	① ② ③ ④ ⑤	① ② ③ ④ ⑤

1459 탐구	1460 탐험하다	1461 폭발

① ② ③ ④ ⑤	① ② ③ ④ ⑤	① ② ③ ④ ⑤

1462 수출(하다)	1463 보이다	1464 표현하다

① ② ③ ④ ⑤	① ② ③ ④ ⑤	① ② ③ ④ ⑤

1453	experiment [ikspérəmənt]	① ② ③ ④		실험(장치)	① ② ③ ④
1454	expert [ékspərt]	① ② ③ ④		전문가, 숙련된	① ② ③ ④
1455	expire [ikspáiər]	① ② ③ ④		끝나다, 만기가 되다	① ② ③ ④
1456	explicit [iksplisit]	① ② ③ ④		명백한, 노골적인, 솔직한	① ② ③ ④
1457	explode [iksplóud]	① ② ③ ④		폭발하다(시키다)	① ② ③ ④
1458	exploit [iksplɔ́it]	① ② ③ ④		공(적), 위업	① ② ③ ④
1459	exploration [èkspləréiʃən]	① ② ③ ④		탐험, 탐구	① ② ③ ④
1460	explore [iksplɔ́:r]	① ② ③ ④		탐험하다 조사하다	① ② ③ ④
1461	explosion [iksplóuʒən]	① ② ③ ④		폭발, 파열	① ② ③ ④
1462	export [ikspɔ́:rt]	① ② ③ ④		수출(하다)	① ② ③ ④
1463	expose [ikspóuz]	① ② ③ ④		노출시키다, 보이다, 드러내다	① ② ③ ④
1464	express [iksprés]	① ② ③ ④		표현하다, 표시하다	① ② ③ ④

✓ STEP 1

1465 ① ② ③

고속도로에서 짐을 안전하게 운반하는
이삿짐센터는?
익스프레스웨이.

☺ 고속도로 ⇨ 익스프레스웨이

1466 ① ② ③

저 **우아한** 마차의 바퀴는~
엑스자 모양의 바퀴지?

☺ 우아한 ⇨ 익스퀴지트

1467 ① ② ③

공간을 더 **확장하려면?**
익숙한 모양의 **텐트**를 더 치면 돼.

☺ 확장하다 ⇨ 익스텐드

1468 ① ② ③

이 **광대한** 크기의 미술 작품은 어떻게
만들었어?
이 **스텐실** 기법으로 만들었어.

☺ 광대한 ⇨ 익스텐시브

1469 ① ② ③

넓이는 어느 정도 돼?
이 **텐트**.

☺ 넓이 ⇨ 익스텐트

1470 ① ② ③

집 **바깥쪽** 장소에는 누가 있어?
익숙한 빈터털이가 있어.

☺ 바깥쪽의 ⇨ 익스티어리얼

1471 ① ② ③

적들을 **멸종시킨** 것은?
익숙한 솜씨의 **터미네이터.**

☺ 멸종시키다 ⇨ 익스털-미네이트

1472 ① ② ③

외부로 나가려면 어떻게 해야 하니?
응, 먼저 **익숙한 터널**을 지나, 새로운
마을로 가야해.

☺ 외부의 ⇨ 익스터어널

1473 ① ② ③

사멸한 미팅은?
엑스(X)팅(미팅의 종류).

☺ 사멸 ⇨ 익스팅션

1474 ① ② ③

"컴퓨터 **끄고** 다시 켜니"
"인터넷 **익스플로러**가 자꾸
팅기시네~"

☺ 끄다 ⇨ 익스팅귀쉬

1475 ① ② ③

나무를 왜 **뽑아내요?**
이 숲에서 **트렉터**로 농사지으려고.

☺ 뽑아내다 ⇨ 익스트랙트

1476 ① ② ③

터무니없이 많은 손님이 오실지도 몰라
이 **스트로**(빨대) 더 **내리**(낼까)?

☺ 터무니없는 ⇨
익스트로오더네리

29

1465 고속도로	1466 우아한	1467 확장하다
① ② ③ ④ ⑤	① ② ③ ④ ⑤	① ② ③ ④ ⑤
1468 광대한	1469 넓이	1470 바깥쪽의
① ② ③ ④ ⑤	① ② ③ ④ ⑤	① ② ③ ④ ⑤
1471 멸종시키다	1472 외부의	1473 사멸
① ② ③ ④ ⑤	① ② ③ ④ ⑤	① ② ③ ④ ⑤
1474 끄다	1475 뽑아내다	1476 터무니없는
① ② ③ ④ ⑤	① ② ③ ④ ⑤	① ② ③ ④ ⑤

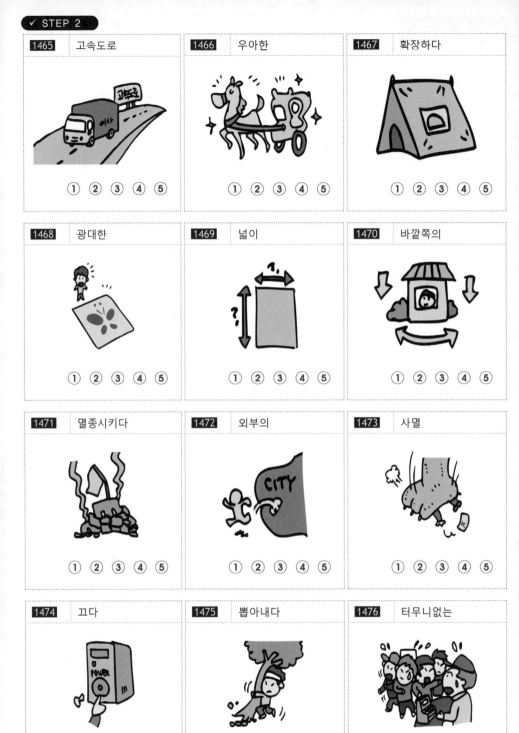

1465	expressway [ikspréswèi]	① ② ③ ④		고속도로	① ② ③ ④
1466	exquisite [ékskwizit]	① ② ③ ④		정교한, 절묘한, 우아한	① ② ③ ④
1467	extend [iksténd]	① ② ③ ④		① 뻗다, 펴다. ② 긋다 ③ 연장하다, 늘이다 ④ 확장하다, 확대하다.	① ② ③ ④
1468	extensive [iksténsiv]	① ② ③ ④		광대한, 넓은	① ② ③ ④
1469	extent [ikstént]	① ② ③ ④		정도, 넓이, 범위	① ② ③ ④
1470	exterior [ikstíəriər]	① ② ③ ④		바깥쪽의, 대외의	① ② ③ ④
1471	exterminate [ikstɔ́:rminèit]	① ② ③ ④		근절하다, 멸종시키다	① ② ③ ④
1472	external [ikstɔ́:rnəl]	① ② ③ ④		외부의, 대외의	① ② ③ ④
1473	extinction [ikstíŋkʃən]	① ② ③ ④		사멸, 소등	① ② ③ ④
1474	extinguish [ikstíŋgwiʃ]	① ② ③ ④		끄다, 소멸시키다	① ② ③ ④
1475	extract [ikstrǽkt]	① ② ③ ④		뽑아내다, 발췌하다, 발췌, 추출	① ② ③ ④
1476	extraordinary [ikstrɔ́:rdənèri]	① ② ③ ④		대단한, 비범한, 터무니없는	① ② ③ ④

[1468] 스텐실(stencil) 기법: 형태를 오려놓고 그 속에 물감을 채워 넣는 기법 [1471] 터미네이터(terminator): 끝내는 사람, 말살자, 종말자

✓ STEP 1

1477 ① ② ③	1478 ① ② ③	1479 ① ② ③
우주의 엑스트라 영화 봤니? 엑스트라로 나오는 **테러리스트**들의 연기가 아주 **리얼**해. ☺ 우주의 ⇨ 엑스트러테레스트리얼	**낭비하는** 익숙한 **틀**에 박힌 사람들은 **바캉스** 가는 게 우습지. ☺ 낭비하는 ⇨ 익스트래버건트	**맨 끝**에 앉는 것이 스릴 있는 놀이 기구는? **익스트림**(놀이기구). ☺ 극단의, 맨 끝의 ⇨ 익스트림

1480 ① ② ③	1481 ① ② ③	1482 ① ② ③
외향적인 사람은 영화에 엑스트라로 출현하고 돈 **번**다. ☺ 외향적인 사람 ⇨ 엑스트로우벌-트	**우화** 책을 보며 **페이지**를 넘기다 테이블 위에 올려놓았어. ☺ 우화 ⇨ 페이블	**짜임새**가 튼튼한 소파는? **패브릭** 소파. ☺ 짜임새, 직물 ⇨ 패브릭

1483 ① ② ③	1484 ① ② ③	1485 ① ② ③
멸치잡기를 **쉽게 하려면?** 멸치를 배에 **퍼 실어** 태우면 돼. ☺ 쉽게 하다 ⇨ 퍼실러테이트	**솜씨** 좋은 사람은 빨리 끝내고 **퍼질러** 앉아 **티**(tea)를 마셔. ☺ 솜씨 ⇨ 퍼실러티	너를 체하게 만든 **요인**이 뭔지 **빼**어 내! ☺ 요인 ⇨ 팩털

1486 ① ② ③	1487 ① ② ③	1488 ① ② ③
시베리아는 **실제로** 얼마나 춥니? 그 곳은 핫팩을 가지고 다녀도 추워. ☺ 실제의 ⇨ 팩츄얼	왜 **능력**을 발휘를 못했어? 회칼에 **티**가 있어서. ☺ 능력 ⇨ 패컬티	뺑덕어멈의 **변덕**은? 아무리 **패**도 소용없어. ☺ 변덕, 일시적 유행 ⇨ 패드

1477	우주의	1478	낭비하는	1479	맨 끝의

① ② ③ ④ ⑤

① ② ③ ④ ⑤

① ② ③ ④ ⑤

1480	외향적인 사람	1481	우화	1482	짜임새, 직물

① ② ③ ④ ⑤

① ② ③ ④ ⑤

① ② ③ ④ ⑤

1483	쉽게 하다	1484	솜씨	1485	요인

① ② ③ ④ ⑤

① ② ③ ④ ⑤

① ② ③ ④ ⑤

1486	실제의	1487	능력	1488	변덕, 일시적 유행

① ② ③ ④ ⑤

① ② ③ ④ ⑤

① ② ③ ④ ⑤

1477	extraterrestrial [èkstrətəréstriəl]	① ② ③ ④		지구 밖의, 우주의	① ② ③ ④
1478	extravagant [ikstrǽvəgənt]	① ② ③ ④		낭비하는, 과도한	① ② ③ ④
1479	extreme [ikstrím]	① ② ③ ④		극단(의), 맨 끝의	① ② ③ ④
1480	extrovert [ékstrouvə̀:rt]	① ② ③ ④		외향적인 사람	① ② ③ ④
1481	fable [féibl]	① ② ③ ④		우화, 꾸며낸 이야기	① ② ③ ④
1482	fabric [fǽbrik]	① ② ③ ④		직물, 짜임새	① ② ③ ④
1483	facilitate [fəsílətèit]	① ② ③ ④		쉽게 하다, 촉진하다	① ② ③ ④
1484	facility [fəsiləti]	① ② ③ ④		쉬움, 솜씨, 편의(시설)	① ② ③ ④
1485	factor [fǽktər]	① ② ③ ④		요인, 요소	① ② ③ ④
1486	factual [fǽktʃuəl]	① ② ③ ④		사실의, 실제의	① ② ③ ④
1487	faculty [fǽkəlti]	① ② ③ ④		능력, 기능, 재능	① ② ③ ④
1488	fad [fæd]	① ② ③ ④		변덕, 일시적 유행	① ② ③ ④

✓ STEP 1

1489 ① ② ③

나이가 들면 **희미해지는** 것은?
주름이 패이듯 잊혀지는 젊음이겠지.
☺ 희미해지다 ⇨ 페이드

1490 ① ② ③

화씨온도가 높으면 어떻게 해야 돼?
헤롱 거릴 때까지 **하이트**맥주 마셔.
☺ 화씨 ⇨ 패런하이트

1491 ① ② ③

왜 협상에 **실패했어?**
골이 패일 데로 패여서 실패했지.
☺ 실패하다 ⇨ 페일

1492 ① ② ③

어렴풋이 나는 냄새는 뭐야?
페인트칠 냄새야.
☺ 어렴풋한 ⇨ 페인트

1493 ① ② ③

공평한 경기를 뭐라고 해?
페어플레이.
☺ 공평한 ⇨ 페얼

1494 ① ② ③

넌, **신념** 있는 친구들이 얼마나 있어?
내겐 신념 있는 패들이 많이 있어.
☺ 신념 ⇨ 페이쓰

1495 ① ② ③

너에게 **충실한** 강아지 어디 있니?
내 팻(pet/애완동물)이 저기 있어.
풀밭에.
☺ 충실한 ⇨ 페이쓰펄

1496 ① ② ③

이거 **위조한** 지폐 같지 않니?
그래, 이렇게 많이 페이(pay)를 주는
게 수상하네.
☺ 위조하다 ⇨ 페이크

1497 ① ② ③

낙엽이 어떻게 **떨어져?**
바람에 폴~폴 떨어지네.
☺ 떨어지다 ⇨ 포올

1498 ① ② ③

친구가 **그릇된 생각**을 하면?
몰래 패러가서 "쉬~"시키고 오면 돼.
☺ 그릇된 생각 ⇨ 패러시

1499 ① ② ③

앗! **방사선 낙진**이다. 어쩌면 좋지?
빨리 폴락폴락 도망가는 게 상책이지.
☺ 방사선 낙진 ⇨ 폴라웃

1500 ① ② ③

거짓의 행동을 하면 어떻게 될까?
당연히 벌을 서겠지.
☺ 거짓의 ⇨ 폴-스

1489 희미해지다	1490 화씨	1491 실패하다

① ② ③ ④ ⑤	① ② ③ ④ ⑤	① ② ③ ④ ⑤

1492 어렴풋한	1493 공평한	1494 신념

① ② ③ ④ ⑤	① ② ③ ④ ⑤	① ② ③ ④ ⑤

1495 충실한	1496 위조하다	1497 떨어지다

① ② ③ ④ ⑤	① ② ③ ④ ⑤	① ② ③ ④ ⑤

1498 그릇된 생각	1499 방사선 낙진	1500 거짓의

① ② ③ ④ ⑤	① ② ③ ④ ⑤	① ② ③ ④ ⑤

1489	fade [feid]	① ② ③ ④		희미해지다, 사라지다, 바래다	① ② ③ ④
1490	Fahrenheit [fǽrənhàit]	① ② ③ ④		화씨	① ② ③ ④
1491	fail [feil]	① ② ③ ④		실패하다, 부족하다, 쇠하다, 낙제	① ② ③ ④
1492	faint [féint]	① ② ③ ④		어렴풋이, 약한, 실신한	① ② ③ ④
1493	fair [fɛər]	① ② ③ ④		공평한, 적정한, 상당한	① ② ③ ④
1494	faith [feiθ]	① ② ③ ④		신념, 신앙, 약속	① ② ③ ④
1495	faithful [féiθfəl]	① ② ③ ④		충실한, 정확한	① ② ③ ④
1496	fake [feik]	① ② ③ ④		꾸며내다, 위조하다, 속이다, 가짜의, 모조품	① ② ③ ④
1497	fall [fɔːl]	① ② ③ ④		떨어지다, 내리다, 넘어지다	① ② ③ ④
1498	fallacy [fǽləsi]	① ② ③ ④		그릇된 생각, 오류, 궤변	① ② ③ ④
1499	fallout [fɔ́ːlàut]	① ② ③ ④		방사성 낙진, 부산물	① ② ③ ④
1500	false [fɔːls]	① ② ③ ④		그릇된, 거짓의	① ② ③ ④

✓ STEP 1

1501 ① ② ③	1502 ① ② ③	1503 ① ② ③
비틀거리는 로봇을 총 쏘면 어떻게 돼? 총 맞으면 팔이 터져버리지! ☺ 비틀거리다 ⇨ 폴털	저 사람은 예전에 **명성**이 높았던 사람이야? 그런데 지금은 폐인이 되었어. ☺ 명성 ⇨ 페임	너랑 가장 **친밀한** 관계는 누구니? 당연히 페밀리(family,가족)지. ☺ 친밀한 ⇨ 퍼밀리어

1504 ① ② ③	1505 ① ② ③	1506 ① ② ③
기아체험 고민되네? 패피아민트껌 씹어봐 그럼 고민이 사라져. ☺ 기근, 기아 ⇨ 패민	**선풍기**가 왜 작동이 안 되지? 팬이 부러져서 안 돼. ☺ 선풍기 ⇨ 팬	**열광적인** 팬들은 청소도 잘하네! 쓰레기봉투를 펴내 티끌까지 청소해. ☺ 열광적인 ⇨ 퍼내티컬

1507 ① ② ③	1508 ① ② ③	1509 ① ② ③
장식이 많은 머리띠를 어디서 사면 좋아? 팬시점에서 사면 돼. ☺ 장식이 많은 ⇨ 팬시	**환상적인** 음료는 뭐가 있을까? 당연히 환타지! ☺ 환상 ⇨ 팬터시	저기 거실에 **멀리 떨어진** DVD 제목이 뭐야? 톰크루즈가 나온 **파앤 어웨이**야. ☺ 멀리 떨어진 ⇨ 파-어웨이

1510 ① ② ③	1511 ① ② ③	1512 ① ② ③
요금이 비싸네요? 좀 빼어드릴게요. ☺ 요금 ⇨ 페얼	비만과 **작별** 하려면 어떻게 해야 돼? 기름기를 빼어 웰~빙 음식만 먹으면 돼. ☺ 작별 ⇨ 페어웰	너 **농사**해서 돈 잘 버니? 이번에 파농사만 잘되면 밍크코트도 살 수 있어. ☺ 농사 ⇨ 파-밍

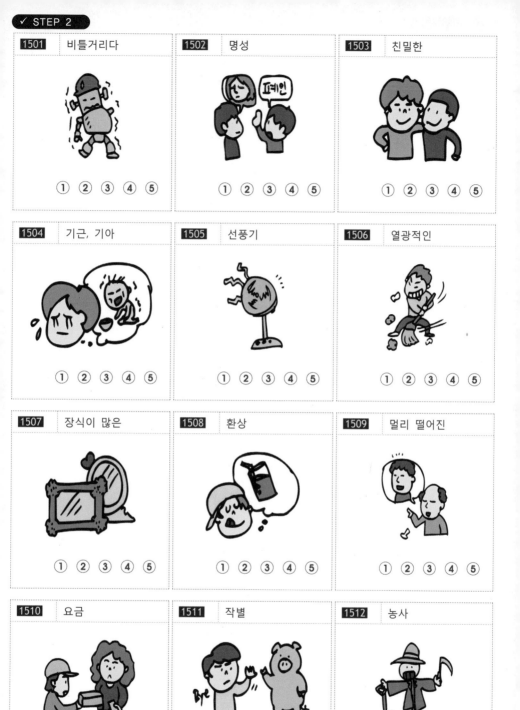

1501	비틀거리다
1502	명성
1503	친밀한

① ② ③ ④ ⑤   ① ② ③ ④ ⑤   ① ② ③ ④ ⑤

1504	기근, 기아
1505	선풍기
1506	열광적인

① ② ③ ④ ⑤   ① ② ③ ④ ⑤   ① ② ③ ④ ⑤

1507	장식이 많은
1508	환상
1509	멀리 떨어진

① ② ③ ④ ⑤   ① ② ③ ④ ⑤   ① ② ③ ④ ⑤

1510	요금
1511	작별
1512	농사

① ② ③ ④ ⑤   ① ② ③ ④ ⑤   ① ② ③ ④ ⑤

1501	**falter** [fɔ́ːltər]	① ② ③ ④		비틀거리다 머뭇거리다 말을 더듬다	① ② ③ ④
1502	**fame** [feim]	① ② ③ ④		명성, 평판	① ② ③ ④
1503	**familiar** [fəmíljər]	① ② ③ ④		친밀한, 친근한, 익숙한	① ② ③ ④
1504	**famine** [fǽmin]	① ② ③ ④		기근, 기아	① ② ③ ④
1505	**fan** [fæn]	① ② ③ ④		부채, 선풍기, 부치다, 팬	① ② ③ ④
1506	**fanatical** [fənǽtikəl]	① ② ③ ④		열광적인, 광신적인	① ② ③ ④
1507	**fancy** [fǽnsi]	① ② ③ ④		공상(하다), ~을 원하다, 장식이 많은, 복잡한	① ② ③ ④
1508	**fantasy** [fǽntəsi]	① ② ③ ④		공상, 환상	① ② ③ ④
1509	**faraway** [fáːrəwèi]	① ② ③ ④		멀리 떨어진, 먼	① ② ③ ④
1510	**fare** [fɛər]	① ② ③ ④		요금(운임), 지내다, (일이)되어 가다	① ② ③ ④
1511	**farewell** [fɛ̀ərwél]	① ② ③ ④		안녕, 작별(인사)	① ② ③ ④
1512	**farming** [fáːrmiŋ]	① ② ③ ④		농업(의), 농사, 농장경영	① ② ③ ④

✓ STEP 1

1513 ① ② ③

남자를 **매혹시키는** 꽃은?
장미가 남자의 마음을 뺏어내어
매혹시켜.

☺ 매혹시키다 ➪ 패시네이트

1514 ① ② ③

독재적 사회주의가 뭐야?
그것은 파시즘이라 불러.

☺ 독재적 사회주의 ➪ 패시점

1515 ① ② ③

이게 지금 **유행**하는 패션이야?
그래 그게 패션의 대세야.

☺ 유행 ➪ 패션

1516 ① ② ③

빨리 먹을 수 있는 음식을 뭐라고
불러?
패스트푸드라고 해.

☺ 빠른, 빨리 ➪ 패스트

1517 ① ② ③

문을 단단히 **잠궈!**
도박장에서 속임수 **패쓴** 사람, 도망
못 가게 하려고?

☺ 잠그다 ➪ 패슨

1518 ① ② ③

살찐 말을 어떻게 다이어트 시켰어?
훈련시키면서 팼어.

☺ 살찐 ➪ 팻

1519 ① ② ③

광견병으로 사람이 **치명적** 손상을
입었다며?
개를 잡아서 패! 이틀 동안!

☺ 치명적인 ➪ 페이틀

1520 ① ② ③

베토벤의 '**운명**' 좋아 하니?
응, LP판이 **패이도록** 많이 들었어.

☺ 운명 ➪ 페이트

1521 ① ② ③

일하느라 **피로**하지?
가족을 위해 **버티고** 있어.

☺ 피로 ➪ 퍼티-그

1522 ① ② ③

연기를 위해 **살을 찌운 거야?**
응, 갑자기 살찌우다 보니 패인 듯이
튼 살이 보여.

☺ 살찌우다 ➪ 패튼

1523 ① ② ③

수도꼭지로 흐르는 물을 마셔도 될까?
마시지 말고 퍼 **씻기**만 해.

☺ (수도)꼭지 ➪ 퍼-싯

1524 ① ② ③

폴(Paul)이 운전 **잘못**하면 어떻게 돼?
당연히 폴이 모는 **트럭**은 사고가
나지.

☺ 잘못 ➪ 포올트

1513	매혹시키다	1514	독재적 사회주의	1515	유행

① ② ③ ④ ⑤

① ② ③ ④ ⑤

① ② ③ ④ ⑤

1516	빠른, 빨리	1517	잠그다	1518	살찐

① ② ③ ④ ⑤

① ② ③ ④ ⑤

① ② ③ ④ ⑤

1519	치명적인	1520	운명	1521	피로

① ② ③ ④ ⑤

① ② ③ ④ ⑤

① ② ③ ④ ⑤

1522	살찌우다	1523	(수도)꼭지	1524	잘못

① ② ③ ④ ⑤   ① ② ③ ④ ⑤   ① ② ③ ④ ⑤

1513	fascinate [fǽsinéit]	① ③	② ④		매혹시키다	① ③	② ④
1514	fascism [fǽʃizəm]	① ③	② ④		파시즘, 독재적 국가 사회주의	① ③	② ④
1515	fashion [fǽʃən]	① ③	② ④		유행, 방식	① ③	② ④
1516	fast [fæst]	① ③	② ④		빠른, 빨리, 단단히, 푹, 단식하다	① ③	② ④
1517	fasten [fǽsn,fɑ́:sn]	① ③	② ④		매다, 잠그다(잠기다), 고정시키다	① ③	② ④
1518	fat [fæt]	① ③	② ④		살찐, 지방이 많은	① ③	② ④
1519	fatal [féitl]	① ③	② ④		치명적인, 엄청난, 운명의	① ③	② ④
1520	fate [feit]	① ③	② ④		운명, 장래	① ③	② ④
1521	fatigue [fəti:g]	① ③	② ④		피로, 지치게 하다	① ③	② ④
1522	fatten [fǽtn]	① ③	② ④		살찌우다	① ③	② ④
1523	faucet [fɔ́:sit]	① ③	② ④		(수도 따위의) 꼭지	① ③	② ④
1524	fault [fɔ:lt]	① ③	② ④		잘못, 과실, 결점, 결함	① ③	② ④

✓ STEP 1

1525 ① ② ③

부탁하면 옷을 입어줄까?
패션쇼에서 **입어**달라고 부탁해봐.

☺ 부탁 ➡ 페이벌

1526 ① ② ③

내 **호의적인** 선물인데 받아줄래?
안 받으면 **패버려불**까봐.

☺ 호의적인 ➡ 페이버러블

1527 ① ② ③

재능이 있는 사람은?
당연히 많은 페이(pay)를
벌어들이겠지.

☺ 재능 있는 ➡ 페이벌드

1528 ① ② ③

마음에 드는 장난감이 있니?
맘에 안 드는 건 **패버릴** 거예요.

☺ 마음에 드는 ➡ 페이버리트

1529 ① ② ③

피어싱을 왜 **무서워해**?
피어싱은 신체를 뚫는 거야.

☺ 무서워하다 ➡ 피얼

1530 ① ② ③

적당한 담요가 어떤 게 있나?
이게 피고 접을 때 편한 담요야.

☺ 적당한 ➡ 피-저벌

1531 ① ② ③

축제 때 누가 오기로 했지?
피아니스트가 오기로 했어.

☺ 축제 ➡ 피-스트

1532 ① ② ③

모기들이 **공격**해서 힘들지?
응, 모기와 피 튀기는 사투를 벌이고
있어.

☺ 공격 ➡ 피-트

1533 ① ② ③

깃털이 옷에 단단히 박혔네?
형에게 **빼달**라고 하자!

☺ 깃털 ➡ 페덜

1534 ① ② ③

이 호프집의 **특징**은 뭐야?
피쳐잔이 주인 얼굴과 같아.

☺ 특징 ➡ 피-철

1535 ① ② ③

연합 국가들은 모두 참여할 거지?
일부국가에서는 참여를 **빼달**래
이션에서...

☺ 연합 ➡ 페더레이션

1536 ① ② ③

요금지불이 왜 어렵나요?
제품에 피가 묻어서요.

☺ 요금 ➡ 피-

1525 부탁	1526 호의적인	1527 재능 있는
① ② ③ ④ ⑤	① ② ③ ④ ⑤	① ② ③ ④ ⑤

1528 마음에 드는	1529 무서워하다	1530 적당한
① ② ③ ④ ⑤	① ② ③ ④ ⑤	① ② ③ ④ ⑤

1531 축제	1532 공격	1533 깃털
① ② ③ ④ ⑤	① ② ③ ④ ⑤	① ② ③ ④ ⑤

1534 특징	1535 연합	1536 요금
① ② ③ ④ ⑤	① ② ③ ④ ⑤	① ② ③ ④ ⑤

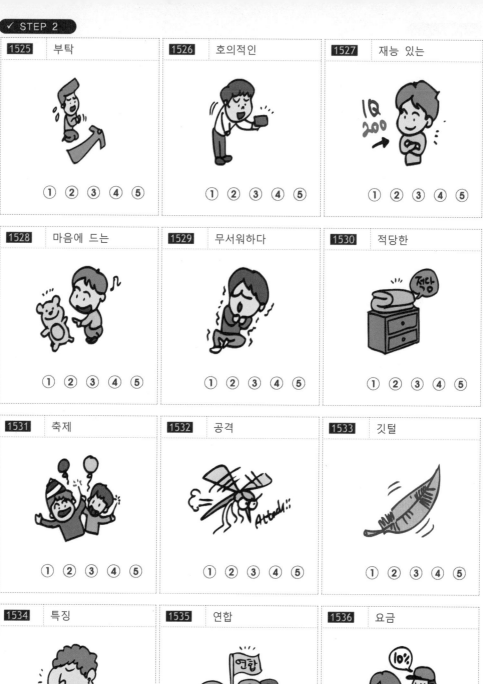

1525	**favor** [féivər]	① ② ③ ④		호의, 친절, 부탁	① ② ③ ④
1526	**favorable** [féivərəbl]	① ② ③ ④		호의적인, 유리한	① ② ③ ④
1527	**favored** [féivərd]	① ② ③ ④		호감을 사는, 혜택을 받는, 재능이 있는	① ② ③ ④
1528	**favorite** [féivərit]	① ② ③ ④		마음에 드는, 좋아하는 것	① ② ③ ④
1529	**fear** [fiər]	① ② ③ ④		두려움, 무서워하다	① ② ③ ④
1530	**feasible** [fí:zəbəl]	① ② ③ ④		실행할 수 있는, 적당한	① ② ③ ④
1531	**feast** [fí:st]	① ② ③ ④		축제, 연회, 대접	① ② ③ ④
1532	**feat** [fí:t]	① ② ③ ④		공격, 묘기	① ② ③ ④
1533	**feather** [féðər]	① ② ③ ④		깃털, 기분	① ② ③ ④
1534	**feature** [fítʃər]	① ② ③ ④		특징, 인기물	① ② ③ ④
1535	**federation** [fèdəréiʃən]	① ② ③ ④		동맹, 연합	① ② ③ ④
1536	**fee** [fí:]	① ② ③ ④		(각종)요금, 수수료, 사례	① ② ③ ④

[1529] 피어싱(piercing): 귀나 배꼽 등 신체의 특정 부위를 뚫어 링이나 막대 모양의 장신구로 치장하는 일

✓ STEP 1

1537 ① ② ③

허약한 사람은?
바람이 휘~불면 넘어지겠다.
☺ 허약한 ⇨ 피-블

1538 ① ② ③

부양할 가족이 있나요?
네, **피**도 나눌 자식이 있어요.
☺ 부양하다 ⇨ 피-드

1539 ① ② ③

반응을 체크 해 봤니?
그래 지금 **피드백**을 하고 있어.
☺ 반응 ⇨ 피-드백

1540 ① ② ③

암컷이 매일 코피를 흘리네?
그래, 코피가 매일 나와 속상해!
☺ 여성, 암컷 ⇨ 피-메일

1541 ① ② ③

여자다운 매력을 가진 사람은 누굴까?
우리 반에서는 **혜민**이야.
☺ 여자다운 ⇨ 페머닌

1542 ① ② ③

혜민이가 **여권주의**를 열심히도
주장하네?
그래, **혜민**이를 좀 도와주자.
☺ 여권주의 ⇨ 페머니점

1543 ① ② ③

울타리 보수 공사 해야겠네?
그래, 나무에 **빤스**가 걸려 찢어졌어.
☺ 울타리 ⇨ 펜스

1544 ① ② ③

너 머리가 왜 이렇게 **발효됐어?**
좋은 펌하고 트리트먼트해서.
☺ 발효 ⇨ 펄-멘트

1545 ① ② ③

나루터에서 탄 배가 어떤 배야?
페리호를 탔어.
☺ 나루터 ⇨ 페리

1546 ① ② ③

그 섬의 **연락선**은 어떤 배야?
연락선은 페리보트야.
☺ 연락선 ⇨ 페리보우트

1547 ① ② ③

비옥한 땅에 뭘 심으면 좋을까?
곡식 씨앗을 퍼뜨려 봐!
☺ 비옥한 ⇨ 퍼-틀

1548 ① ② ③

대학 **축제**는 곧 열리지?
그래 대학 **패스티벌**은 곧 시작해.
☺ 축제 ⇨ 페스티벌

1537 허약한	1538 부양하다	1539 반응

① ② ③ ④ ⑤	① ② ③ ④ ⑤	① ② ③ ④ ⑤

1540 여성, 암컷	1541 여자다운	1542 여권주의

① ② ③ ④ ⑤	① ② ③ ④ ⑤	① ② ③ ④ ⑤

1543 울타리	1544 발효	1545 나루터

① ② ③ ④ ⑤	① ② ③ ④ ⑤	① ② ③ ④ ⑤

1546 연락선	1547 비옥한	1548 축제

① ② ③ ④ ⑤	① ② ③ ④ ⑤	① ② ③ ④ ⑤

1537	**feeble** [fíːbl]	① ② ③ ④		허약한, 희미한	① ② ③ ④
1538	**feed** [fíːd]	① ② ③ ④		먹이다, 부양하다	① ② ③ ④
1539	**feedback** [fíːdbæ̀k]	① ② ③ ④		귀환, 피드백, 반응	① ② ③ ④
1540	**female** [fíːmeil]	① ② ③ ④		여성의, (동, 식물) 암컷의, 여성인, 암컷, 여성	① ② ③ ④
1541	**feminine** [féminin]	① ② ③ ④		여성의, 여자다운, 나약한	① ② ③ ④
1542	**feminism** [fémənìzəm]	① ② ③ ④		여권주의, 여권신장론	① ② ③ ④
1543	**fence** [fens]	① ② ③ ④		울타리, 담	① ② ③ ④
1544	**ferment** [fɔ́ːrment]	① ② ③ ④		효소, 발효, 발효되다, 발효시키다	① ② ③ ④
1545	**ferry** [féri]	① ② ③ ④		나루터, 나룻배, 배로 나르다	① ② ③ ④
1546	**ferryboat** [féribòut]	① ② ③ ④		나룻배, 연락선	① ② ③ ④
1547	**fertile** [fɔ́ːrtl]	① ② ③ ④		비옥한, 다산의, 창의적인	① ② ③ ④
1548	**festival** [féstəvəl]	① ② ③ ④		잔치(의), 축전, 축제	① ② ③ ④

✓ STEP 1

1549 ① ② ③

태아에게 어떤 책을 읽어주면 좋을까?
피터's 팬 책을 읽어줘.

☺ 태아 ⇨ 피-터스

1550 ① ② ③

봉건적인 귀족들이 지나가면 서민들은
어때?
푸들푸들 떨었어.

☺ 봉건적인 ⇨ 퓨-들

1551 ① ② ③

열이 난 환자를 싣고 가는 것은?
'삐뽀' '삐뽀' 구급차.

☺ 열 ⇨ 피-벌

1552 ① ② ③

섬유로 파이를 자르니 뭐가 달려들어?
파이를 자르니 벌이 달려드네.

☺ 섬유 ⇨ 파이벌

1553 ① ② ③

소설은 픽션이야?
픽션은 소설이고 논픽션은 실화를
말해.

☺ 소설 ⇨ 픽션

1554 ① ② ③

사나운 맹수가 달려드는데?
사방이 막혀서 **피할 수** 없어.

☺ 사나운 ⇨ 피얼스

1555 ① ② ③

비유적인 표현을 철사로 나타내려면?
철사를 휘그려뜨려 모양으로 만들면
돼.

☺ 비유적인 ⇨ 피겨러티브

1556 ① ② ③

숫자로 나타내는 피겨 최고 점수는?
피겨는 10점 만점에 10점!

☺ 숫자 ⇨ 피기걸

1557 ① ② ③

정수기의 오염물질 **거르는** 기능은
무엇이 해?
필터가 하지.

☺ 거르다 ⇨ 필털

1558 ① ② ③

물고기 **지느러미**가 멋있네?
쫙 핀 모습이 정말 멋있어.

☺ 지느러미 ⇨ 핀

1559 ① ② ③

내가 준 **자금**으로 무엇을 했니?
파이가게를 냈어.

☺ 자금 ⇨ 파이낸스

1560 ① ② ③

훌륭한 땅을 파니 뭐가 나왔니?
파인 땅속에서 거울이 나왔어.

☺ 훌륭한 ⇨ 파인

1549 태아	1550 봉건적인	1551 열

① ② ③ ④ ⑤ | ① ② ③ ④ ⑤ | ① ② ③ ④ ⑤

1552 섬유	1553 소설	1554 사나운

① ② ③ ④ ⑤ | ① ② ③ ④ ⑤ | ① ② ③ ④ ⑤

1555 비유적인	1556 숫자	1557 거르다

① ② ③ ④ ⑤ | ① ② ③ ④ ⑤ | ① ② ③ ④ ⑤

1558 지느러미	1559 자금	1560 훌륭한

① ② ③ ④ ⑤ | ① ② ③ ④ ⑤ | ① ② ③ ④ ⑤

1549	**fetus** [fíːtəs]	① ② ③ ④		태아	① ② ③ ④
1550	**feudal** [fjúːdl]	① ② ③ ④		영지의, 봉건적인, 봉건제도의	① ② ③ ④
1551	**fever** [fíːvər]	① ② ③ ④		열, 발열	① ② ③ ④
1552	**fiber** [fáibər]	① ② ③ ④		(옷의)섬유, (식물의) 섬유질, 실	① ② ③ ④
1553	**fiction** [fíkʃən]	① ② ③ ④		소설, 허구, 날조	① ② ③ ④
1554	**fierce** [fiərs]	① ② ③ ④		맹렬한, 사나운, 격렬한	① ② ③ ④
1555	**figurative** [figjərətiv]	① ② ③ ④		비유적인	① ② ③ ④
1556	**figure** [fígjər/-gər]	① ② ③ ④		숫자, 모습, 인물, 생각하다	① ② ③ ④
1557	**filter** [fíltər]	① ② ③ ④		거르다, 여과하다, 필터	① ② ③ ④
1558	**fin** [fin]	① ② ③ ④		지느러미, 수족	① ② ③ ④
1559	**finance** [fainǽns]	① ② ③ ④		재정, 자금, 재정을 조달하다	① ② ③ ④
1560	**fine** [fain]	① ② ③ ④		훌륭한, 갠	① ② ③ ④

✓ STEP 1

1561 ① ② ③	1562 ① ② ③	1563 ① ② ③
너 **손가락** 핀 거야, 오므린 거야? 핀 거야.	**한정된** 개수의 파이를 밤에 싸게 파는 것을 뭐라고 해? '파이(pie) 나잇(night)' 이라고 해.	**난로**에 불 피우려면 뭐가 필요해? 파이어(fire/불)플레이스(place/장소)가 필요해.
☺ 손가락 ⇨ 핑걸	☺ 한정된 ⇨ 파이나이트	☺ 난로 ⇨ 파이얼플레이스

1564 ① ② ③	1565 ① ② ③	1566 ① ② ③
내게 **확고한** 직장은 어떤 회사가 좋을까? 너에겐 로펌이 최고야.	**어장**관리 안하고 어디 가니? 해변에 피서 가리?	그는 불끈 **주먹**을 쥐고 나서 뭘 했어? 피아니스트니까 연주를 했어.
☺ 확고한 ⇨ 퍼-엄	☺ 어장 ⇨ 피셔리	☺ 주먹 ⇨ 피스트

1567 ① ② ③	1568 ① ② ③	1569 ① ② ③
피터팬 역으로 **적당한** 애 좀 추천해 줄래? 피터팬은 쟤가 괜찮아.	**건강**을 위해서 뭘 하면 좋을까? 피트니스센타에 다니는 것이 제일이야.	아기를 바로 **고정시키기** 힘들지? 응~ 픽스러지면 다시 세워야 해.
☺ 맞는, 적당한 ⇨ 피트	☺ 건강 ⇨ 피트니스	☺ 고정시키다 ⇨ 픽스

1570 ① ② ③	1571 ① ② ③	1572 ① ② ③
무슨 벌레가 저렇게 **정열**적으로 울어대? 풀벌레입니다!	**퍼덕거리게** 풀을 왜 랩으로 쌌어? 풀을 랩으로 싸야 안 흘려.	**번쩍이는** 불빛은 뭐지? 후래쉬로 비춘 동물 눈이야.
☺ 불길, 정열 ⇨ 플레임	☺ 퍼덕거리다 ⇨ 플랩	☺ 번쩍이다 ⇨ 플래쉬

1561 손가락	1562 한정된	1563 난로

① ② ③ ④ ⑤ ① ② ③ ④ ⑤ ① ② ③ ④ ⑤

1564 확고한	1565 어장	1566 주먹

① ② ③ ④ ⑤ ① ② ③ ④ ⑤ ① ② ③ ④ ⑤

1567 맞는, 적당한	1568 건강	1569 고정시키다

① ② ③ ④ ⑤ ① ② ③ ④ ⑤ ① ② ③ ④ ⑤

1570 불길, 정열	1571 퍼덕거리다	1572 번쩍이다

① ② ③ ④ ⑤ ① ② ③ ④ ⑤ ① ② ③ ④ ⑤

1561	finger [fíŋgər]	① ② ③ ④		손가락	① ② ③ ④
1562	finite [fáinait]	① ② ③ ④		유한한, 한정된	① ② ③ ④
1563	fireplace [faiərplèis]	① ② ③ ④		(벽)난로	① ② ③ ④
1564	firm [fə:rm]	① ② ③ ④		단단한, 확고한	① ② ③ ④
1565	fishery [fíʃəri]	① ② ③ ④		어업, 어장	① ② ③ ④
1566	fist [fist]	① ② ③ ④		주먹, 손	① ② ③ ④
1567	fit [fit]	① ② ③ ④		맞는, 적당한, 튼튼한	① ② ③ ④
1568	fitness [fítnis]	① ② ③ ④		적당, 건강(사업)	① ② ③ ④
1569	fix [fiks]	① ② ③ ④		고정시키다, 정하다, 수리하다	① ② ③ ④
1570	flame [fleim]	① ② ③ ④		불길, 정열	① ② ③ ④
1571	flap [flæp]	① ② ③ ④		퍼덕거리다, 탁 때리다	① ② ③ ④
1572	flash [flæʃ]	① ② ③ ④		번쩍이다, 빛나다, 번개처럼 스치다	① ② ③ ④

✓ STEP 1

1573 ① ② ③	1574 ① ② ③	1575 ① ② ③
편평한 돗자리 펴고 뭐 먹을까? 요플렛 먹자!	편지 쓰는 게 **아첨하는** 건가? 플로리다로 러브레터 보내는 건 좀 그렇지.	**아첨** 같지만 플랫슈즈 새 것 같은데? 얼마 전에 플랫 슈즈를 **털이개**로 닦았어.
☺ 편평한 ⇨ 플래트	☺ 아첨하다 ⇨ 플래털	☺ 아첨 ⇨ 플래터리

1576 ① ② ③	1577 ① ② ③	1578 ① ② ③
아이스크림 **맛**이 몇 가지야? 베스킨라빈스에는 31가지의 **플레이벌**이 다 틀려.	**홈**이 생긴 벽지는 뭘로 붙이면 좋을까? **풀로** 붙이는 게 좋아.	소가 어떻게 **달아났을까?** 끈이 **풀리**자 달아났지.
☺ 맛 ⇨ 플레이벌	☺ 홈 ⇨ 플로-	☺ 달아나다 ⇨ 플리-

1579 ① ② ③	1580 ① ② ③	1581 ① ② ③
함대가 걱정이네? 날씨가 **풀리**듯 함대도 걱정 없어.	그녀의 아름다운 **살**을 어떻게 봤니? 그냥, 옷 단추를 **풀래!** 하며 옷을 벗었어.	풀에서 불나면 **융통성 있게** 피하는 방법은? 풀에서 불나면 바람 부는 쪽은 피해야 해.
☺ 함대 ⇨ 플리-트	☺ 살 ⇨ 플레쉬	☺ 융통성 있는 ⇨ 플렉서블

1582 ① ② ③	1583 ① ② ③	1584 ① ② ③
근무시간 자유선택제를 뭐라고 해? 플렉시타임이라고 해.	반지 빼서 **내던져야지?** 플링플링(블링블링)한 반지 다시 사면돼.	**스위치를 찰칵 누르면** 불이 들어오나? 응, 풀잎 모양 스위치 누르면 돼.
☺ 근무시간 자유선택제 ⇨ 플렉시타임	☺ 내던지다 ⇨ 플링	☺ 스위치를 찰칵 누르다 ⇨ 플립

1573 편평한	1574 아첨하다	1575 아첨
① ② ③ ④ ⑤	① ② ③ ④ ⑤	① ② ③ ④ ⑤

1576 맛	1577 흠	1578 달아나다
① ② ③ ④ ⑤	① ② ③ ④ ⑤	① ② ③ ④ ⑤

1579 함대	1580 살	1581 융통성 있는
① ② ③ ④ ⑤	① ② ③ ④ ⑤	① ② ③ ④ ⑤

1582 근무시간 자유선택제	1583 내던지다	1584 스위치를 찰칵 누르다
① ② ③ ④ ⑤	① ② ③ ④ ⑤	① ② ③ ④ ⑤

1573	flat [flæt]	① ② ③ ④		편평한, 펼친	① ② ③ ④
1574	flatter [flǽtər]	① ② ③ ④		아첨하다, 치켜세우다	① ② ③ ④
1575	flattery [flǽtəri]	① ② ③ ④		아첨, 빌붙음	① ② ③ ④
1576	flavor [fléivər]	① ② ③ ④		맛, 양념, 정취, 맛을 내다	① ② ③ ④
1577	flaw [flɔː]	① ② ③ ④		결점, 흠	① ② ③ ④
1578	flee [fliː]	① ② ③ ④		달아나다, 탈출하다	① ② ③ ④
1579	fleet [fliːt]	① ② ③ ④		함대, 선대	① ② ③ ④
1580	flesh [fleʃ]	① ② ③ ④		살, 피부, 육체, (과일의)과육	① ② ③ ④
1581	flexible [fléksəbl]	① ② ③ ④		유연한, 융통성 있는	① ② ③ ④
1582	flexitime [fléksətàim]	① ② ③ ④		근무시간 자유선택제	① ② ③ ④
1583	fling [fliŋ]	① ② ③ ④		내던지다, 밀치다	① ② ③ ④
1584	flip [flip]	① ② ③ ④		톡 튀기다, 스위치를 찰칵 누르다, 휙 넘기다	① ② ③ ④

1583 블링블링(Bling Bling): 자메이카어의 속어로-아메리칸 랩퍼에 의해 유명해진 단어이다. 다이아몬드-등에 빛이 반사될 때 나는 것을 상상하게 만들어 이런 단어가 사용되었다. 힙합분야에서 나온 신조어로 '반짝거리는'이란 뜻이다 (출처: 네이버 위키백과)

✓ STEP 1

1585 ① ② ③

베트남에선 배를 **띄워서** 물건을
판다며?
응~ 플로팅 마켓이라고 해.
☺ 뜨다, 띄우다 ⇨ 플로우트

1586 ① ② ③

떼 지어서 뭐하고 놀까?
불 놓고 놀면 돼.
☺ 떼 ⇨ 플락

1587 ① ② ③

홍수가 나서 강물이 넘쳤어?
댐 수문을 풀어도 수위가 줄지를
않네.
☺ 홍수 ⇨ 플러드

1588 ① ② ③

숲이 **무성한** 이유가 뭐야?
계곡물이 흘러 이 시원한 숲을
만들어서 그래.
☺ 무성하다 ⇨ 플러리쉬

1589 ① ② ③

흐르는 물을 뭘로 막으면 좋을까?
풀로 막으면 돼.
☺ 흐르다 ⇨ 플로우

1590 ① ② ③

꽃집 이름이 뭐야?
영희 플라워야.
☺ 꽃 ⇨ 플라월

1591 ① ② ③

독감 조심 포스터를 뭐로 붙일까?
풀루 붙여.
☺ 독감 ⇨ 플루-

1592 ① ② ③

플룻을 **유창하게** 불려면 어떻게 해?
플룻을 언제나 터득하려 해야지.
☺ 유창한 ⇨ 플루-언트

1593 ① ② ③

솜털의 거즈가 왜 필요하니?
코를 심하게 풀었더니 피가 나네.
☺ 솜털의 ⇨ 플러피

1594 ① ② ③

이 **액체**로 카메라를 닦으면 돼?
그래, 그게 플라로이드 카메라 전용
세제야.
☺ 액체 ⇨ 플루-이드

1595 ① ② ③

미술시험에서 **낙제하고** 남은 풀은
어디에 있어?
남은 풀은 트렁크에 있어.
☺ 낙제하다 ⇨ 플렁크

1596 ① ② ③

그녀의 **얼굴이 붉어진** 것을 어떻게 알
수 있어?
플래쉬로 비추면 알 수 있어.
☺ 얼굴을 붉히다 ⇨ 플러쉬

59

1585 뜨다, 띄우다	1586 떼	1587 홍수

① ② ③ ④ ⑤   ① ② ③ ④ ⑤   ① ② ③ ④ ⑤

1588 무성하다	1589 흐르다	1590 꽃

① ② ③ ④ ⑤   ① ② ③ ④ ⑤   ① ② ③ ④ ⑤

1591 독감	1592 유창한	1593 솜털의

① ② ③ ④ ⑤   ① ② ③ ④ ⑤   ① ② ③ ④ ⑤

1594 액체	1595 낙제하다	1596 얼굴을 붉히다

① ② ③ ④ ⑤   ① ② ③ ④ ⑤   ① ② ③ ④ ⑤

1585	float [flout]	①	②		뜨다, 띄우다, 떠돌다	①	②
		③	④			③	④
1586	flock [flak]	①	②		떼, 떼를 짓다, 모이다	①	②
		③	④			③	④
1587	flood [flʌd]	①	②		물로 뒤덮다, 범람하다, 홍수	①	②
		③	④			③	④
1588	flourish [fláːriʃ]	①	②		번영하다, 무성하다, 꾸밈	①	②
		③	④			③	④
1589	flow [flou]	①	②		흐르다, 쇄도하다	①	②
		③	④			③	④
1590	flower [fláuər]	①	②		꽃, 개화	①	②
		③	④			③	④
1591	flu [fluː]	①	②		유행성감기, 독감	①	②
		③	④			③	④
1592	fluent [flúːənt]	①	②		유창한, 융통성 있는	①	②
		③	④			③	④
1593	fluffy [flʌ́fi]	①	②		보풀의, 솜털의	①	②
		③	④			③	④
1594	fluid [flúːid]	①	②		액체, 유동체, 유체	①	②
		③	④			③	④
1595	flunk [flʌŋk]	①	②		(시험 등의) 낙제(점), 낙제하다, 실패, 실패하다	①	②
		③	④			③	④
1596	flush [flʌʃ]	①	②		(얼굴이)붉어지다, 홍조	①	②
		③	④			③	④

✓ STEP 1

1597　① ② ③

새가 퍼덕거리기만 하고 못 나네?
날개를 플러득 거리기만 하네.
☺ 퍼덕거리다 ⇨ 플러털

1598　① ② ③

거품내면서 화장 지우는 게 뭐야?
폼클렌저!
☺ 거품 ⇨ 포움

1599　① ② ③

집중을 해야겠지?
그래, 포커칠 땐 집중해야지.
☺ 집중 ⇨ 포우커스

1600　① ② ③

아군이 적들에게 뭘 겨누었니?
포를 겨누었어.
☺ 적 ⇨ 포우

1601　① ② ③

안개 속에서 요정이 뭐하고 있어?
포근히 자고 있어.
☺ 안개 ⇨ 포그

1602　① ② ③

뚜껑을 **접는** 핸드폰을 뭐라 하지?
폴더폰이라고 해!
☺ 접다 ⇨ 포울드

1603　① ② ③

민속학에서는 뭘 가르쳐 주니?
포크로 먹는 법!
☺ 민속학 ⇨ 포우크로-얼

1604　① ② ③

어리석은 행동이지만 해 줄 수 있니?
내 얼굴이 팔리잖아, 할 수 없어.
☺ 어리석은 행동 ⇨ 팔리

1605　① ② ③

다정한 연인들은 어떤 핸드폰을 살까?
핸드폰도 커플폰으로 사.
☺ 다정한 ⇨ 판드

1606　① ② ③

바보처럼 어디서 넘어졌니?
풀밭에서 넘어졌어.
☺ 바보 ⇨ 푸-울

1607　① ② ③

풋볼논문에 **각주**를 달면 무엇을 주니?
풋볼팀에 노트북을 준대.
☺ 각주 ⇨ 풋노우트

1608　① ② ③

음식을 **참은** 곰은 몇 마리야?
포베어, 네 마리 곰이야.
☺ 참다 ⇨ 포-베얼

1597 퍼덕거리다	1598 거품	1599 집중

① ② ③ ④ ⑤	① ② ③ ④ ⑤	① ② ③ ④ ⑤

1600 적	1601 안개	1602 접다

① ② ③ ④ ⑤	① ② ③ ④ ⑤	① ② ③ ④ ⑤

1603 민속학	1604 어리석은 행동	1605 다정한

① ② ③ ④ ⑤	① ② ③ ④ ⑤	① ② ③ ④ ⑤

1606 바보	1607 각주	1608 참다

① ② ③ ④ ⑤	① ② ③ ④ ⑤	① ② ③ ④ ⑤

1597	**flutter** [flʌ́təːr]	①	②		퍼덕거리다, 펄럭이다	①	②
		③	④			③	④
1598	**foam** [foum]	①	②		거품(이 일다)	①	②
		③	④			③	④
1599	**focus** [fóukəs]	①	②		집중하다(시키다), 초점	①	②
		③	④			③	④
1600	**foe** [fou]	①	②		적, 원수	①	②
		③	④			③	④
1601	**fog** [fɔ(:)g,fɑg]	①	②		안개, 혼미	①	②
		③	④			③	④
1602	**fold** [fould]	①	②		주름, 접다, 끼다	①	②
		③	④			③	④
1603	**folklore** [fóuklɔ̀ːr]	①	②		민속, 민속학, 전통문화	①	②
		③	④			③	④
1604	**folly** [fáli]	①	②		어리석음, 어리석은 행동	①	②
		③	④			③	④
1605	**fond** [fɑnd/fɔnd]	①	②		좋아서, 다정한	①	②
		③	④			③	④
1606	**fool** [fuːl]	①	②		바보, 어리석은	①	②
		③	④			③	④
1607	**footnote** [fútnòut]	①	②		각주(를 달다)	①	②
		③	④			③	④
1608	**forbear** [fɔːrbέər]	①	②		삼가다, 참다	①	②
		③	④			③	④

✓ STEP 1

1609 ① ② ③

비 마시는 거 왜 **금지하지**?
산성비 때문에 예전에 퍼 마시던 비도
이제는 안 돼.
☺ 금지하다 ⇨ 펄비드

1610 ① ② ③

포를 쓰는 **군대**는 어디야?
포쓰는(포를 사용하는) 부대는
대포부대야.
☺ 군대 ⇨ 폴-스

1611 ① ② ③

일기**예보**는 몇 명이서 하니?
포(four,네명)의 기상 캐스터가 해.
☺ 예보 ⇨ 폴-캐스트

1612 ① ② ③

제사에서 **조상**은 몇 명이야?
포(four, 넷)~파더(father, 아버지),
4명이야.
☺ 조상 ⇨ 포-파-더

1613 ① ② ③

가장 중요한 인류 모습은?
책에 나오는 포(four/네명) 인류 모습.
☺ 가장 중요한 ⇨ 포-모우스트

1614 ① ② ③

미래 **예견**은 어떻게 하면 돼?
살포시하면 돼.
☺ 예견하다 ⇨ 폴-시-

1615 ① ② ③

미래 **예언하려면** 어디가 좋을까?
포도나무 호텔에서 하면 좋대.
☺ 예언하다 ⇨ 포-텔

1616 ① ② ③

벌금 내라고 어디로 걸핏하면
불러냈니?
모래펄에 걸핏하면 불러냈어.
☺ 벌금 ⇨ 포-피트

1617 ① ② ③

위조한 돈이 시중에 퍼지고 있니?
지금도 계속 퍼지고 있대.
☺ 위조하다 ⇨ 포ㄹ-쥐

1618 ① ② ③

깜박 잊고 온 지갑을 어떻게 됐어?
포개진 채로 책상 위에 뒀어.
☺ 잊다 ⇨ 퍼게트

1619 ① ② ③

어떻게 하면 나를 **용서할래**?
큰 거 포(four, 넉 장), 기부하면 돼.
☺ 용서하다 ⇨ 퍼기브

1620 ① ② ③

버려진 그녀는 혼자서 뭐 하고 있니?
홀로 울고 있어.
☺ 버려진 ⇨ 퍼ㄹ로온

1609 금지하다	1610 군대	1611 예보

① ② ③ ④ ⑤	① ② ③ ④ ⑤	① ② ③ ④ ⑤

1612 조상	1613 가장 중요한	1614 예견하다

① ② ③ ④ ⑤	① ② ③ ④ ⑤	① ② ③ ④ ⑤

1615 예언하다	1616 벌금	1617 위조하다

① ② ③ ④ ⑤	① ② ③ ④ ⑤	① ② ③ ④ ⑤

1618 잊다	1619 용서하다	1620 버려진

① ② ③ ④ ⑤	① ② ③ ④ ⑤	① ② ③ ④ ⑤

1609	**forbid** [fərbíd]	① ② ③ ④		금지하다 불가능하게 하다	① ② ③ ④
1610	**force** [fɔːrs]	① ② ③ ④		힘, 효력, 군(대), 강요하다	① ② ③ ④
1611	**forecast** [fɔːrkæst]	① ② ③ ④		예보하다 예상, 예보	① ② ③ ④
1612	**forefather** [fɔːrfɑːðər]	① ② ③ ④		조상, 선조	① ② ③ ④
1613	**foremost** [fɔːrmòust]	① ② ③ ④		가장 중요한, 최고의, 맨 앞에 위치한	① ② ③ ④
1614	**foresee** [fɔːrsiː]	① ② ③ ④		예견하다	① ② ③ ④
1615	**foretell** [fɔːrtél]	① ② ③ ④		예언하다, 예고하다	① ② ③ ④
1616	**forfeit** [fɔːrfit]	① ② ③ ④		몰수(박탈)당하다, 벌금	① ② ③ ④
1617	**forge** [fɔːrdʒ]	① ② ③ ④		용광로, 구축하다, (쇠를)불리다, 위조하다	① ② ③ ④
1618	**forget** [fərgét]	① ② ③ ④		잊다, 망각하다	① ② ③ ④
1619	**forgive** [fɔːrgiv]	① ② ③ ④		용서하다	① ② ③ ④
1620	**forlorn** [fərlɔːrn]	① ② ③ ④		버려진, 고독한	① ② ③ ④

✓ STEP 1

1621 ① ② ③

도자기 **형태**가 어때?
응, 아주 **폼** 나고 멋있어.
☺ 형태 ⇨ 포ㄹ옴

1622 ① ② ③

어떻게 하면 **정중해** 보일까?
폼 내고 머리에 신경을 써면 돼.
☺ 정중한 ⇨ 포ㄹ-멀

1623 ① ② ③

컴퓨터 **체제**에 바이러스가 걸리면?
컴퓨터를 포맷하고 윈도우를 다시 깔아.
☺ 체제 ⇨ 포ㄹ-맷

1624 ① ② ③

이전의 영화들과 다른 영화가 뭐가
있어?
자유자재로 변신이 되는
트랜스포머야.
☺ 이전의 ⇨ 포ㄹ-머

1625 ① ② ③

케익만들 때 너만의 **방식**이 따로
있니?
그럼~ 나만의 **폼**을 넣어야 완성된
케익이라 할 수 있지.
☺ 방식 ⇨ 포ㄹ-멀러

1626 ① ② ③

모양보다 일정하게 **형식화하여**
만들었네?
그래, 예전에 **폼**을 내던 케익을 이젠
형식화하여 대량으로 만들고 있어.
☺ 형식화하다 ⇨ 포-멀레이트

1627 ① ② ③

쉐이크(shake)를 왜 **버리니?**
포쉐이크, 4인분 쉐이크를 만들어서
남아서 버리는 거야.
☺ 버리다 ⇨ 펄셰이크

1628 ① ② ③

게임 중에 **요새**를 지키는 게임이
뭐지?
포트리스(fortress/요새)게임이야.
☺ 요새 ⇨ 포-트

1629 ① ② ③

인내심이 가장 좋은 강사는 누구야?
포티(forty)튜터(tutor,가정교사), 나이가
40세인 강사야.
☺ 인내심 ⇨ 포-터튜-드

1630 ① ② ③

요새 앞에 나무가 몇 그루 있나요?
요새 앞에 **포 트리스** (four trees),
네그루의 나무가 있어요.
☺ 요새 ⇨ 포-트리스

1631 ① ② ③

재산증식을 위해 어디에 땅을 사
뒀나요?
경기도 포천에다 땅을 샀어요.
☺ 운, 재산 ⇨ 포-천

1632 ① ② ③

재판소에서 뭐가 열리고 있나요?
공정한 재판을 위한 **포럼**이 열리고
있어요.
☺ 토론회, 재판소 ⇨ 포-럼

1621 형태	1622 정중한	1623 체제

① ② ③ ④ ⑤	① ② ③ ④ ⑤	① ② ③ ④ ⑤

1624 이전의	1625 방식	1626 형식화하다

① ② ③ ④ ⑤	① ② ③ ④ ⑤	① ② ③ ④ ⑤

1627 버리다	1628 요새	1629 인내심

① ② ③ ④ ⑤	① ② ③ ④ ⑤	① ② ③ ④ ⑤

1630 요새	1631 재산	1632 재판소
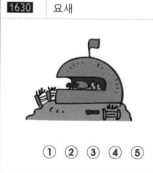		
① ② ③ ④ ⑤	① ② ③ ④ ⑤	① ② ③ ④ ⑤

1621	**form** [fɔːrm]	① ② ③ ④		형성하다, 생기다, 형태, 형식	① ② ③ ④
1622	**formal** [fɔ́ːrm-əl]	① ② ③ ④		정중한, 정식의, 형식적인	① ② ③ ④
1623	**format** [fɔ́ːrmæt]	① ② ③ ④		체제, 전체 구성	① ② ③ ④
1624	**former** [fɔ́ːrmə:r]	① ② ③ ④		이전의, 앞의	① ② ③ ④
1625	**formula** [fɔ́ːrmjulə]	① ② ③ ④		공식, 정식, 방식	① ② ③ ④
1626	**formulate** [fɔ́ːrmjulèit]	① ② ③ ④		형식화하다	① ② ③ ④
1627	**forsake** [fərséik]	① ② ③ ④		버리다, 포기하다	① ② ③ ④
1628	**fort** [fɔːrt]	① ② ③ ④		성채, 요새	① ② ③ ④
1629	**fortitude** [fɔ́ːrtətjúːd]	① ② ③ ④		용기, 인내	① ② ③ ④
1630	**fortress** [fɔ́ːrtris]	① ② ③ ④		요새, 안전, 견고한 것	① ② ③ ④
1631	**fortune** [fɔ́ːrtʃ-ən]	① ② ③ ④		운, 행운, 재산	① ② ③ ④
1632	**forum** [fɔ́ːrəm]	① ② ③ ④		토론의 장, 토론회, 포럼, 재판소	① ② ③ ④

✓ STEP 1

1633 ① ② ③

강아지가 어떻게 했을 때 **화석**이 나왔니?
땅을 **팠**을 때 화석이 나왔대.
☺ 화석 ⇨ 파슬

1634 ① ② ③

아들을 강하게 잘 **육성하려면** 어떻게 하면 될까요?
저기 포스터에 있는 007배우처럼 하면 돼요.
☺ 육성하다 ⇨ 포스털

1635 ① ② ③

이 찌개 왜 이렇게 맛이 **역겨워**?
상한 파를 울궈내서(우려내서) 그래.
☺ 역겨운 ⇨ 파울

1636 ① ② ③

영국에서 회사를 **설립하려면** 몇 파운드나 필요할까?
뭐, 많은 파운드가 필요하겠지.
☺ 설립하다 ⇨ 파운드

1637 ① ② ③

화장 할 때 **기초**화장하고 마무리는 뭐로 해?
파운데이션으로 톡톡 두들겨 주면 돼.
☺ 기초 ⇨ 파운데이션

1638 ① ② ③

토끼가 정말 **샘**을 파려고 했을까?
땅을 파온 티가 나는데.
☺ 분수, 샘 ⇨ 파운틴

1639 ① ② ③

이 **소량**의 음식을 언제 먹으라고?
프랙티스(practice, 연습하다)하면서 먹어.
☺ 소량 ⇨ 프랙션

1640 ① ② ③

뼈가 허약하면?
뼈가 뿌러질 지 모르니까 칼슘을 먹어.
☺ 허약한 ⇨ 프래절

1641 ① ② ③

감독이 **단편** 영화 찍다가 어떻게 됐니?
풀장에 그만 빠져버렸어.
☺ 단편 ⇨ 프래그먼트

1642 ① ② ③

풀에서 이렇게 좋은 **향기**가 난다는 게 믿기니?
풀에 그런 스타일의 향이 나다니 놀랍네.
☺ 향기 ⇨ 프레이그런스

1643 ① ② ③

향기로운 냄새는 어디서 나지?
풀에서 그런 향기가 나나봐.
☺ 향기로운 ⇨ 프레이그런트

1644 ① ② ③

연약한 애들은 어디서 일하고 있니?
풀장에서 일하고 있어.
☺ 연약한 ⇨ 프레일

1633	화석
1634	육성하다
1635	역겨운
1636	설립하다
1637	기초
1638	분수, 샘
1639	소량
1640	허약한
1641	단편
1642	향기
1643	향기로운
1644	연약한

① ② ③ ④ ⑤

1633	fossil [fásl/fɔ́sl]	① ② ③ ④		화석, 시대에 뒤진 사람	① ② ③ ④
1634	foster [fá:stər]	① ② ③ ④		양육하다, 육성하다	① ② ③ ④
1635	foul [faul]	① ② ③ ④		악취 나는, (맛이)역겨운, 반칙, 파울을 범하다	① ② ③ ④
1636	found [faund]	① ② ③ ④		설립하다, 근거를 두다	① ② ③ ④
1637	foundation [faundéiʃən]	① ② ③ ④		창설, 기초, 기반	① ② ③ ④
1638	fountain [fáuntin]	① ② ③ ④		분수, 샘, 원천	① ② ③ ④
1639	fraction [frǽkʃən]	① ② ③ ④		단편, 파편, 아주 조금, 소량	① ② ③ ④
1640	fragile [frǽdʒəl/-dʒail]	① ② ③ ④		부서지기 쉬운, 허약한	① ② ③ ④
1641	fragment [frǽgmənt]	① ② ③ ④		파편, 조각, 단편; 나머지, 부스러기.	① ② ③ ④
1642	fragrance [fréigrəns]	① ② ③ ④		향기, 방향	① ② ③ ④
1643	fragrant [fréigrənt]	① ② ③ ④		향기로운, 유쾌한	① ② ③ ④
1644	frail [freil]	① ② ③ ④		연약한, 무른	① ② ③ ④

✓ STEP 1

1645 ① ② ③

액자의 **뼈대**가 네모가 아니라
동그라미여서 작업이 좀 힘들지?
그래, 프레임이 동그라미여서
워크(work/작업)하는 게 쉽지 않네.
☺ 뼈대 ⇨ 프레임-워크

1646 ① ② ③

요리사가 **솔직한** 소시지 만드는
방법을 공개할까?
프랭크 소시지 만드는 비법을
공개한다고 하니깐 공개하겠지.
☺ 솔직한 ⇨ 프랭크

1647 ① ② ③

사기도박경기에서 무엇으로 프로를
구별하지?
도박 솜씨로 프로들을 구별할 수
있어.
☺ 사기 ⇨ 프로-드

1648 ① ② ③

괴짜는 그 많은 돈을 어떻게 했어?
돈을 뿌리고 크게 후회했어.

☺ 유별난, 괴짜 ⇨ 프리-크

1649 ① ② ③

들판에 **자유롭게** 피어 있는 것이
뭐야?
자유롭게 피어 있는 것은 풀이야~
☺ 자유로운 ⇨ 프리-

1650 ① ② ③

흑인의 **자유**를 위해 도우면 무엇을
덤으로 얻을 수 있을까요?
마음의 프리(free/자유)를 덤으로 얻을 수 있어요
☺ 자유 ⇨ 프리-덤

1651 ① ② ③

자유계약하고 프리로 일하는 사람을
뭐라고 말하지?
프리랜서라고 해.
☺ 자유계약(의) ⇨ 프리-랜스

1652 ① ② ③

간선도로에 많이 자라고 있는 것이
뭐야?
풀이 왜 이리 많이 자라고 있지...
☺ 간선도로 ⇨ 프리-웨이

1653 ① ② ③

풀이 언제 **얼었어**?
풀이 저녁에 얼었어.

☺ 얼다 ⇨ 프리-즈

1654 ① ② ③

몹시 추운 날씨에 바람이 불어서 뭐가
흔들려?
풀이 징하게 흔들리네.
☺ 몹시 추운 ⇨ 프리-징

1655 ① ② ③

이 무거운 **화물**들을 어떻게 옮기지?
걱정 마! 풀숲에 있던 친구에게
시키면 돼.
☺ 화물 ⇨ 프레이트

1656 ① ② ③

빈번한 바람으로 인해 풀이 어떻게
되는지 아니?
응, 풀끼리 권투를 해!
☺ 빈번한 ⇨ 프리-퀀트

1645 뼈대	1646 솔직한	1647 사기

① ② ③ ④ ⑤	① ② ③ ④ ⑤	① ② ③ ④ ⑤

1648 유별난, 괴짜	1649 자유로운	1650 자유

① ② ③ ④ ⑤	① ② ③ ④ ⑤	① ② ③ ④ ⑤

1651 자유계약(의)	1652 간선도로	1653 얼다

① ② ③ ④ ⑤	① ② ③ ④ ⑤	① ② ③ ④ ⑤

1654 몹시 추운	1655 화물	1656 빈번한

① ② ③ ④ ⑤	① ② ③ ④ ⑤	① ② ③ ④ ⑤

1645	**framework** [fréimwə̀:rk]	① ② ③ ④		(건물의)뼈대, 골조, (생각 등의)틀, 체제	① ② ③ ④
1646	**frank** [fræŋk]	① ② ③ ④		솔직한, 명백한	① ② ③ ④
1647	**fraud** [frɔ:d]	① ② ③ ④		사기, 협잡(꾼)	① ② ③ ④
1648	**freak** [fri:k]	① ② ③ ④		희한한 일, 괴짜, 유별난	① ② ③ ④
1649	**free** [fri:]	① ② ③ ④		자유로운, 한가한, 무료의, 자유롭게	① ② ③ ④
1650	**freedom** [frí:dəm]	① ② ③ ④		자유, 해방	① ② ③ ④
1651	**freelance(r)** [fri:lænsər]	① ② ③ ④		자유계약의, 프리랜서, 프리랜서로 일하다	① ② ③ ④
1652	**freeway** [frí:wèi]	① ② ③ ④		간선도로	① ② ③ ④
1653	**freeze** [fri:z]	① ② ③ ④		얼다, 냉담해지다	① ② ③ ④
1654	**freezing** [frí:ziŋ]	① ② ③ ④		어는, 몹시 추운	① ② ③ ④
1655	**freight** [freit]	① ② ③ ④		화물, 화물, 운송	① ② ③ ④
1656	**frequent** [frí:kwənt]	① ② ③ ④		자주 일어나는, 빈번한	① ② ③ ④

✓ STEP 1

1657 ① ② ③

풀을 **자주** 깎아 주지 않으면 어떻게
돼?
풀이 큰 것은 이틀이면 쑥~ 자라더라.
☺ 자주 ⇨ 프리-퀀틀리

1658 ① ② ③

신입생들이 왜 후레시를 들고 있지?
후레시를 들고 맨날 선배들에게
인사하는 게 전통이래.
☺ 신입생 ⇨ 프레쉬먼

1659 ① ② ③

봅슬레이 탈 때 **마찰**을 낮추려면
어떻게 해야 할까요?
마찰 낮추는 가루를 뿌리세요.
☺ 마찰 ⇨ 프릭션

1660 ① ② ③

아이들을 **놀라게 하고** 있는 것이
뭐야?
큭큭, 프라이팬 들고 요리할건데,, 쫄기는...
☺ 놀라게 하다 ⇨ 프라이튼

1661 ① ② ③

몹시 추운 날에 밖에 물 뿌리면 안
되는 거 알지?
응, 추워서 **뿌리지도** 못해.
☺ 몹시 추운 ⇨ 프리쥐드

1662 ① ② ③

경솔한 의사가 상처를 어떻게
치료했니?
약을 아프게 뿌리고 발랐어!
☺ 경솔한 ⇨ 프리벌러스

1663 ① ② ③

국경 지역에서 불법이주자를
풀어놓으면 어떻게 될까?
풀어놓으면 튀어.
☺ 국경 ⇨ 프런티얼

1664 ① ② ③

추운 날씨에는 프로선수들도 스트레스
받을까?
당연히 프로선수도 스트레스 받아.
☺ 서리, 추운 날씨 ⇨ 프로-스트

1665 ① ② ③

여자 친구에게 왜 **눈살을 찌푸렸니?**
프라다 가방 사는 게 운명이라고 하니
눈살을 찌푸리지.
☺ 눈살을 찌푸리다 ⇨ 프라운

1666 ① ② ③

돈 좀 **절약하려고** 싼 미용실 갔는데
머리가 엉망이야?
싼 게 비지떡이여, 다시 펴러 갈
상황이야.
☺ 절약하는 ⇨ 프루-걸

1667 ① ② ③

방금 매직펌을 하고 온 친구를
불만스럽게 만드는 말은?
"야~머리 풀어 스트레이트로~"
☺ 불만스럽게 만들다 ⇨
프러스트레이트

1668 ① ② ③

염소의 소망을 **달성하기** 위해 필요한
것은?
풀이 필요해.
☺ 달성하다 ⇨ 풀필

1657 자주	1658 신입생	1659 마찰

① ② ③ ④ ⑤	① ② ③ ④ ⑤	① ② ③ ④ ⑤

1660 놀라게 하다	1661 몹시 추운	1662 경솔한

① ② ③ ④ ⑤	① ② ③ ④ ⑤	① ② ③ ④ ⑤

1663 국경	1664 서리, 추운 날씨	1665 눈살을 찌푸리다

① ② ③ ④ ⑤	① ② ③ ④ ⑤	① ② ③ ④ ⑤

1666 절약하는	1667 불만스럽게 만들다	1668 달성하다

① ② ③ ④ ⑤	① ② ③ ④ ⑤	① ② ③ ④ ⑤

1657	**frequently** [fri:kwəntli]	① ② ③ ④		자주, 때때로	① ② ③ ④
1658	**freshman** [fréʃmən]	① ② ③ ④		신입생, 신입자	① ② ③ ④
1659	**friction** [frikʃən]	① ② ③ ④		마찰, 알력	① ② ③ ④
1660	**frighten** [fráitn]	① ② ③ ④		놀라게 하다, 두려워하게 하다	① ② ③ ④
1661	**frigid** [frídʒid]	① ② ③ ④		몹시 추운, 극한의, 냉담한	① ② ③ ④
1662	**frivolous** [frivələs]	① ② ③ ④		경솔한, 하찮은	① ② ③ ④
1663	**frontier** [frʌ́ntiər]	① ② ③ ④		국경, 변경	① ② ③ ④
1664	**frost** [frɔ:st/frɔst]	① ② ③ ④		서리(로 덮다), 추운 날씨	① ② ③ ④
1665	**frown** [fraun]	① ② ③ ④		눈살을 찌푸리다, 찡그린 표정	① ② ③ ④
1666	**frugal** [frú:gəl]	① ② ③ ④		절약하는, 알뜰한	① ② ③ ④
1667	**frustrate** [frʌ́streit]	① ② ③ ④		불만스럽게 만들다, 방해하다, 좌절시키다	① ② ③ ④
1668	**fulfil** [fulfil]	① ② ③ ④		이행하다, 달성하다, 완수하다, 만족시키다	① ② ③ ④

✓ STEP 1

1669 ① ② ③

전시간제로 일하기 힘들지?
말이라고~ 24시간동안 풀만 뽑는
타임밖에 없어.

☺ 전시간제로 ⇨ 풀타임

1670 ① ② ③

증기 기관차에서 뭐가 뿜어져 나오지?
그야, 증기가 뿜어져 나오지.

☺ 증기 ⇨ 퓨움

1671 ① ② ③

이 풍선 기계의 **기능**이 문제가 있네?
고장 인가봐, 펑! 터져버리네 풍선이.

☺ 기능 ⇨ 펑션

1672 ① ② ③

뻥튀기 기계 **기능의** 특징은?
곡물을 펑하고 시원하게 널리 튀기는
것이 특징이야.

☺ 기능의 ⇨ 펑셔널-

1673 ① ② ③

너희 아빠는 **자금**을 어디에 투자
했니?
펀드와 주식에 투자했어.

☺ 자금 ⇨ 펀드

1674 ① ② ③

건물 지을 때 **필수적인** 것은?
일단, 땅을 판다~ 맨땅에...그래야 **틀이**
잡혀.

☺ 필수적인 ⇨ 펀더멘틀

1675 ① ② ③

장례식에서 어릴 때 친구를 보다니
정말 반갑네~
휴, 너를 이렇게 보니 꿈만 같아.

☺ 장례식 ⇨ 퓨-너럴

1676 ① ② ③

나무에 **곰팡이**가 피어 있네?
나무에 핀 것은 버섯이야.

☺ 곰팡이 ⇨ 펑거스

1677 ① ② ③

모피를 어떻게 말리면 될까?
잘 펴서 말리면 돼.

☺ 모피 ⇨ 퍼-ㄹ

1678 ① ② ③

저 농부는 들판에 뭐가 없어서 **성난**
얼굴을 하고 있니?
들판에 풀이 없어서 그래.

☺ 성난 ⇨ 퓨어리어스

1679 ① ② ③

해변가에 **비치한** 파라솔을 펴니 어때?
파라솔을 펴니 **시원**하네.

☺ 비치하다 ⇨ 퍼-니쉬

1680 ① ② ③

농부의 **격노**의 원인이 뭐야?
밭에 풀이 너무 많이 자라서야.

☺ 격노 ⇨ 퓨어리

1669 전시간제로	1670 증기	1671 기능
① ② ③ ④ ⑤	① ② ③ ④ ⑤	① ② ③ ④ ⑤
1672 기능의	1673 자금	1674 필수적인
① ② ③ ④ ⑤	① ② ③ ④ ⑤	① ② ③ ④ ⑤
1675 장례식	1676 곰팡이	1677 모피
① ② ③ ④ ⑤	① ② ③ ④ ⑤	① ② ③ ④ ⑤
1678 성난	1679 비치하다	1680 격노
① ② ③ ④ ⑤	① ② ③ ④ ⑤	① ② ③ ④ ⑤

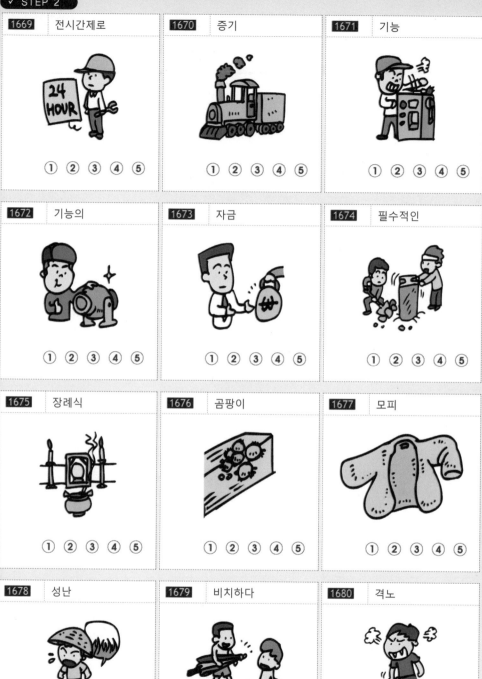

1669	**full-time** [fúltaim]	① ② ③ ④		전시간제로	① ② ③ ④
1670	**fume** [fju:m]	① ② ③ ④		증기	① ② ③ ④
1671	**function** [fʌ́ŋkʃən]	① ② ③ ④		기능, 직무, 의식, 작용하다	① ② ③ ④
1672	**functional** [fʌ́ŋkʃən-əl]	① ② ③ ④		기능의, 직무(상)의	① ② ③ ④
1673	**fund** [fʌnd]	① ② ③ ④		자금, 기금, 축적	① ② ③ ④
1674	**fundamental** [fʌndəméntəl]	① ② ③ ④		근본적인, 필수적인, 핵심적인, 핵심, 원리	① ② ③ ④
1675	**funeral** [fjú:nərəl]	① ② ③ ④		장례식	① ② ③ ④
1676	**fungus** [fʌ́ŋgəs]	① ② ③ ④		균류, 곰팡이류, 버섯	① ② ③ ④
1677	**fur** [fəːr]	① ② ③ ④		모피, 부드러운 털	① ② ③ ④
1678	**furious** [fjú-əriəs]	① ② ③ ④		① 성난, 격노한, 광포한, 무서운 ② (바람·폭풍우 따위가) 사납게 몰아치는, 격렬한.	① ② ③ ④
1679	**furnish** [fə́ːrniʃ]	① ② ③ ④		공급하다, 비치하다	① ② ③ ④
1680	**fury** [fjúəri]	① ② ③ ④		격노, 격정, 격렬, 열광	① ② ③ ④

✓ STEP 1

1681 ① ② ③

불로 뭘 **녹이고** 있니?
퓨즈를 녹이고 있어.
☺ 녹이다 ⇨ 퓨-즈

1682 ① ② ③

소란이 난 지역이 호주 어디야?
호주의 퍼스지역이야.
☺ 소란 ⇨ 퍼스

1683 ① ② ③

타일 까는 **헛된** 일을 왜했니?
휴~타일을 괜히 깔았네.
☺ 헛된 ⇨ 퓨-틀

1684 ① ② ③

저당 잡힌 게 몇 개나 되는 거야?
8개 정도 있지.
☺ 저당 ⇨ 게이쥐

1685 ① ② ③

올해 농사지어 **얻은** 곡식을 어디다
저장해 두지?
풍년이 들어 개인당 양이 늘었어.
☺ 얻다 ⇨ 게인

1686 ① ② ③

은하수에서 온 애가 있다며?
정말 갠 역시 특이해.
☺ 은하수 ⇨ 갤럭시

1687 ① ② ③

폭풍이 지나면 하늘이 어떻게 될까?
맑게 게일거야.
☺ 폭풍 ⇨ 게일

1688 ① ② ③

그 **씩씩한** 여학생은 꿈이 뭐래?
걔는 탤런트가 꿈이래.
☺ 씩씩한 ⇨ 갤런트

1689 ① ② ③

도박을 하면 어떻게 돼?
겜하다 불이 나도 몰라.
☺ 도박(하다) ⇨ 갬벌

1690 ① ② ③

밀물과 썰물 **격차**가 크면, 뭘 하기
좋아질까?
갯벌체험하기가 좋아져.
☺ 격차 ⇨ 갭

1691 ① ② ③

새 차가 **차고**에 있는 걸 어떻게
알았어?
아빠가 말해 줘서 있는 걸 알지!
☺ 차고 ⇨ 거라-지

1692 ① ② ③

쓰레기통 옆에 있는 고기, 갈비야?
갈비지.
☺ 쓰레기 ⇨ 가-ㄹ비쥐

1681 녹이다	1682 소란	1683 헛된
① ② ③ ④ ⑤	① ② ③ ④ ⑤	① ② ③ ④ ⑤

1684 저당	1685 얻다	1686 은하수
① ② ③ ④ ⑤	① ② ③ ④ ⑤	① ② ③ ④ ⑤

1687 폭풍	1688 씩씩한	1689 도박(하다)
① ② ③ ④ ⑤	① ② ③ ④ ⑤	① ② ③ ④ ⑤

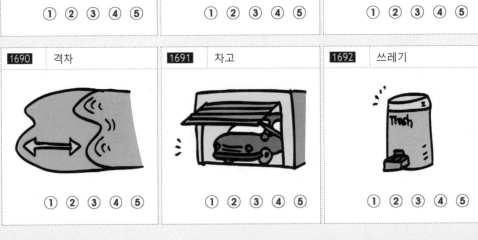

1690 격차	1691 차고	1692 쓰레기
① ② ③ ④ ⑤	① ② ③ ④ ⑤	① ② ③ ④ ⑤

		①	②			①	②
1681	**fuse** [fju:z]	③	④		신관, (전기)퓨즈, 융합하다, 녹이다	③	④
1682	**fuss** [fʌs]	①	②		소란, 야단법석	①	②
		③	④			③	④
1683	**futile** [fjú:təl,-tail]	①	②		무익한, 헛된	①	②
		③	④			③	④
1684	**gage** [geidʒ]	①	②		담보, 저당(잡히다)	①	②
		③	④			③	④
1685	**gain** [gein]	①	②		얻다, 획득하다, 늘다	①	②
		③	④			③	④
1686	**galaxy** [gǽləksi]	①	②		은하수	①	②
		③	④			③	④
1687	**gale** [geil]	①	②		질풍, 폭풍	①	②
		③	④			③	④
1688	**gallant** [gǽlənt]	①	②		용감한, 씩씩한	①	②
		③	④			③	④
1689	**gamble** [gǽmbəl]	①	②		도박(을 하다)	①	②
		③	④			③	④
1690	**gap** [gæp]	①	②		금, 틈, 간격, 격차	①	②
		③	④			③	④
1691	**garage** [gərá:ʒ]	①	②		차고, 주차장	①	②
		③	④			③	④
1692	**garbage** [gá:rbidʒ]	①	②		쓰레기, 잡동사니	①	②
		③	④			③	④

✓ STEP 1

1693 ① ② ③

옷 사러 갈 곳은 가깝니?
아니 갈 길이 먼데~

☺ 옷 ⇨ 가-ㄹ먼트

1694 ① ② ③

케잌 장식하다말고 어디 가니?
갈 데가 어디겠니! 쉬~하러 가는
거야.

☺ 장식 ⇨ 가-ㄹ니쉬

1695 ① ② ③

다락방에서 뭐가 나왔어?
1캐럿 다이아가 나왔어.

☺ 다락방 ⇨ 개러트

1696 ① ② ③

집안에서 가스 냄새가 나면 개는
어떻게 해?
개는 스스로 도망가.

☺ 가스 ⇨ 개스

1697 ① ② ③

네 아버지가 휘발유 회사를 차렸니?
휘발유 회사 개설해서 우린 연료
걱정이 없어졌어.

☺ 휘발유 ⇨ 개설린-

1698 ① ② ③

집안에 가스 냄새 때문에 숨이 턱
막혀, 어쩌지?
일단 가스 마시지 말고 숨을 흡!
내쉬고 뛰어!

☺ 숨이 턱 막히다 ⇨ 개습

1699 ① ② ③

문 뒤에 뭐가 있었니?
큰 개 있더라, 조심해!

☺ 문 ⇨ 게이트

1700 ① ② ③

온 가족이 모여서 뭐 먹고 있니?
투게더 아이스크림을 먹고 있어.

☺ 모이다 ⇨ 개덜

1701 ① ② ③

공장에 계량기가 몇 대 있니?
한 개 있지!

☺ 계량기 ⇨ 게이쥐

1702 ① ② ③

게임하느라 모니터를 빤히 보고
있구나?
게임하는 아이들은 다 똑같지!

☺ 빤히 보다 ⇨ 게이즈

1703 ① ② ③

엄마는 귀중품을 주로 어디다
감춰두니?
잼 항아리에 감춰 둬!

☺ 귀중품 ⇨ 잼

1704 ① ② ③

여자인지 남자인지 성별이 불분명한
사람들을?
트랜스젠더라고 말하지.

☺ 성별 ⇨ 젠덜

1693 옷	1694 장식	1695 다락방

① ② ③ ④ ⑤　　① ② ③ ④ ⑤　　① ② ③ ④ ⑤

1696 가스	1697 휘발유	1698 숨이 턱 막히다

① ② ③ ④ ⑤　　① ② ③ ④ ⑤　　① ② ③ ④ ⑤

1699 문	1700 모이다	1701 계량기

① ② ③ ④ ⑤　　① ② ③ ④ ⑤　　① ② ③ ④ ⑤

1702 빤히 보다	1703 귀중품	1704 성별

① ② ③ ④ ⑤　　① ② ③ ④ ⑤　　① ② ③ ④ ⑤

		①	②			①	②
1693	**garment** [gá:rmənt]	③	④		옷, 의복	③	④
1694	**garnish** [gá:rniʃ]	①	②		장식, 고명, 장식하다	①	②
		③	④			③	④
1695	**garret** [gǽrət]	①	②		다락방	①	②
		③	④			③	④
1696	**gas** [gæs]	①	②		가스, 기체	①	②
		③	④			③	④
1697	**gasoline** [gæsəlí:n]	①	②		휘발유	①	②
		③	④			③	④
1698	**gasp** [gæsp]	①	②		헐떡거리다, 숨이 턱 막히다, 숨막힘	①	②
		③	④			③	④
1699	**gate** [geit]	①	②		문, 출입구, 통로	①	②
		③	④			③	④
1700	**gather** [gǽðər]	①	②		모으다, 모이다	①	②
		③	④			③	④
1701	**gauge** [geidʒ]	①	②		표준치수, 계(량)기, 측정하다	①	②
		③	④			③	④
1702	**gaze** [geiz]	①	②		빤히 보다, 응시(하다)	①	②
		③	④			③	④
1703	**gem** [dʒem]	①	②		보석, 귀중품	①	②
		③	④			③	④
1704	**gender** [dʒéndər]	①	②		성, 성별	①	②
		③	④			③	④

✓ STEP 1

1705 ① · ② ③

유전자 검사를 통해 병을 예방할 수
있다고?
그럼 나도 **진**단해봐야겠네.
☺ 유전자 ⇨ 진

1706 ① ② ③

재는 **일반** 애들보다 작네?
쟨 아직 **어려**서 그래.
☺ 일반 ⇨ 제너럴

1707 ① ② ③

군인이 거짓말을 하면 안된다고
일반화하고 다니네?
제너럴(장군)이 못 말려.
☺ 일반화하다 ⇨ 제너럴라이즈

1708 ① ② ③

태양열로 **에너지를 발생시키려면** 팀에
누굴 넣어야 하니?
연구원인 재를 꼭 넣으래이!
☺ 에너지를 발생시키다 ⇨
제너레이트

1709 ① ② ③

재 노래는 **세대** 차이가 없네?
응, 재 노래에선 세대 차이가 없어.
☺ 세대 ⇨ 제너레이션

1710 ① ② ③

관대한 처사로 용서를 받았는데 왜
감옥에 넣었지?
뒤끝 있나봐. 재를 그냥 **넣었**어.
☺ 관대한 ⇨ 제너러스

1711 ① ② ③

너의 친구는 어떻게 저렇게 **상냥하니**?
좋은 마음을 **지니어** 저렇게 상냥해.
☺ 상냥한 ⇨ 지-니얼

1712 ① ② ③

천재는 일반인에 비해 뭘 지녔을까?
좋은 두뇌를 지녔어.
☺ 천재 ⇨ 지니어스

1713 ① ② ③

저 거지들도 **염색체군**에 대해서 알까?
지 놈들이 알면 거지 안하지.
☺ 염색체군 ⇨ 지-놈

1714 ① ② ③

미술 **양식**을 어떻게 분류하여
정리했어?
응, 장르별로 분류하여 정리했어.
☺ 양식 ⇨ 장-러

1715 ① ② ③

저 애 **진짜** 누이는 누구야?
재 진짜 **누인** 따로 있어.
☺ 진짜 ⇨ 제뉴인

1716 ① ② ③

지리 실습 시간에 뭐했니?
지하 동굴의 그 높이를 재어 보았어.
☺ 지리 ⇨ 지-아그러피

1705	유전자

① ② ③ ④ ⑤

1706	일반

① ② ③ ④ ⑤

1707	일반화하다

① ② ③ ④ ⑤

1708	에너지를 발생시키다

① ② ③ ④ ⑤

1709	세대

① ② ③ ④ ⑤

1710	관대한

① ② ③ ④ ⑤

1711	상냥한

① ② ③ ④ ⑤

1712	천재

① ② ③ ④ ⑤

1713	염색체군

① ② ③ ④ ⑤

1714	양식

① ② ③ ④ ⑤

1715	진짜

① ② ③ ④ ⑤

1716	지리

① ② ③ ④ ⑤

1705	gene [ʤiːn]	① ② ③ ④		유전자	① ② ③ ④
1706	general [dʒénərəl]	① ② ③ ④		일반의, 대체적인, 전반에 걸친	① ② ③ ④
1707	generalize [ʤénərəlàiz]	① ② ③ ④		일반화하다	① ② ③ ④
1708	generate [ʤénərèit]	① ② ③ ④		생기게 하다, 에너지를 발생시키다	① ② ③ ④
1709	generation [dʒénəréiʃən]	① ② ③ ④		세대, 발생	① ② ③ ④
1710	generous [dʒénərəs]	① ② ③ ④		관대한, 후한, 푸짐한	① ② ③ ④
1711	genial [dʒíːnijəl]	① ② ③ ④		온화한, 다정한, 상냥한	① ② ③ ④
1712	genius [dʒíːnjəs]	① ② ③ ④		천재, 천성, 특질	① ② ③ ④
1713	genome [ʤíːnoum]	① ② ③ ④		게놈, 염색체군	① ② ③ ④
1714	genre [ʒáːnrə]	① ② ③ ④		유형, 양식, 장르	① ② ③ ④
1715	genuine [ʤénjuin]	① ② ③ ④		진짜의, 저자 친필의	① ② ③ ④
1716	geography [dʒiágrəfi]	① ② ③ ④		지리, 지형	① ② ③ ④

✓ STEP 1

1717 ① ② ③	1718 ① ② ③	1719 ① ② ③
지질학을 공부하러 산에 갔다가 무슨 병에 걸렸어? 들쥐 알러지가 생겼어.	**기하학**을 이용해 뭘 알 수 있어? 지하 수백미터 길이 측정이 가능해.	피부에 **세균**이 퍼지고 있어? 점 같이 보이네.
☺ 지질학 ⇨ 지-알러쥐	☺ 기하학 ⇨ 지-아머트리	☺ 세균 ⇨ 져엄

1720 ① ② ③	1721 ① ② ③	1722 ① ② ③
여학생에게 **몸짓**으로 **의사 표시**를 해 봤니? 어제 본 여학생은 그냥 스쳐 지나갔어.	선생님이 주신 **선물**에는 어떤 뜻이 들어있을까? 깊은 뜻이 담겨있을 거야.	이 **거대한** 운동장을 어떻게 청소 해? 자 이젠 티끌 하나 없이 치워보자!
☺ 몸짓 ⇨ 제스철	☺ 선물 ⇨ 기프트	☺ 거대한 ⇨ 자이갠틱

1723 ① ② ③	1724 ① ② ③	1725 ① ② ③
왜 **킥킥** 웃고 있니? 아기 걸음이 우스워서.	**얼음처럼 차가운** 음료수를 만들려면 그게 필요해? 그래, 이 설탕물과 얼음!	바다에 북극 **빙하**가 아직도 녹지 않고 있니? 그래, 아직 있어!
☺ 킥킥 웃다 ⇨ 기걸	☺ 얼음처럼 차가운 ⇨ 글레이셜	☺ 빙하 ⇨ 글레이셜

1726 ① ② ③	1727 ① ② ③	1728 ① ② ③

시계를 **흘끗 보고** 서둘러 교수님께 무엇을 드렸니? 글을 냈어.	**번쩍이는 빛** 때문에 영화를 제대로 볼 수 없어요? 영화가 시작되면 끌래요.	저 멀리 **어렴풋한 빛**이 보이지? 빛을 향해 몸을 작게 굴림해서 굴러 봐.
☺ 흘끗 보다 ⇨ 글랜스	☺ 번쩍이는 빛 ⇨ 글레얼	☺ 어렴풋한 빛 ⇨ 글리밍

1717 지질학	1718 기하학	1719 세균

① ② ③ ④ ⑤	① ② ③ ④ ⑤	① ② ③ ④ ⑤

1720 몸짓	1721 선물	1722 거대한

① ② ③ ④ ⑤	① ② ③ ④ ⑤	① ② ③ ④ ⑤

1723 킥킥 웃다	1724 얼음처럼 차가운	1725 빙하

① ② ③ ④ ⑤	① ② ③ ④ ⑤	① ② ③ ④ ⑤

1726 힐끗 보다	1727 번쩍이는 빛	1728 어렴풋한 빛

① ② ③ ④ ⑤	① ② ③ ④ ⑤	① ② ③ ④ ⑤

1717	geology [dʒiálədʒi]	① ② ③ ④		지질학	① ② ③ ④
1718	geometry [dʒiámətri]	① ② ③ ④		기하학	① ② ③ ④
1719	germ [dʒəːrm]	① ② ③ ④		세균, 싹, 발아, 기원	① ② ③ ④
1720	gesture [dʒéstʃər]	① ② ③ ④		몸짓, 의사표시, 형식적인 말, 몸짓하다	① ② ③ ④
1721	gift [gift]	① ② ③ ④		선물, 재능, 주다, 부여하다	① ② ③ ④
1722	gigantic [dʒaigǽntik]	① ② ③ ④		거대한, 엄청난	① ② ③ ④
1723	giggle [gígəl]	① ② ③ ④		킥킥 웃다, 킥킥 웃음	① ② ③ ④
1724	glacial [gléiʃəl]	① ② ③ ④		빙하의, 얼음의, 얼음처럼 찬	① ② ③ ④
1725	glacier [gléiʃər]	① ② ③ ④		빙하	① ② ③ ④
1726	glance [glæns,glɑːns]	① ② ③ ④		흘끗 보다, 흘끗 봄, 일별	① ② ③ ④
1727	glare [glɛər]	① ② ③ ④		노려보다, 눈부시게 빛나다, 노려봄, 번쩍이는 빛	① ② ③ ④
1728	gleam [gliːm]	① ② ③ ④		어렴풋한 빛(미광), (순간적인)번쩍임	① ② ③ ④

✓ STEP 1

1729 ① ② ③

글라이더(활공기)가 **활주하는** 모습이 멋지네?
글라이더가 활주하는 모습은 정말 멋져.

☺ 활주하다 ⇨ 글라이드

1730 ① ② ③

희미한 빛에서 누굴 기다리고 있니?
눈물을 글썽이며 님을 기다리고 있어.

☺ 희미한 빛 ⇨ 글리멀

1731 ① ② ③

전시장에서 **흘끗 보며** 뭘 세었니?
그림 수를 세어 봤어.

☺ 흘끗 보다 ⇨ 글림프스

1732 ① ② ③

빛나는 트로피를 위해 어떻게 했어?
거의 1리터의 눈물을 흘려야 했어.

☺ 빛나는 ⇨ 글리털

1733 ① ② ③

지구의 환경 문제를 어떻게 풀어?
세계가 글로벌화 됐으니 우리 모두 같이!

☺ 지구의 ⇨ 글로우벌

1734 ① ② ③

야구공을 그냥 던졌니?
야구글로브 끼고 던졌어.

☺ 공 ⇨ 글로우브

1735 ① ② ③

날씨가 **어둑어둑하네?**
구름이 껴서 그래.

☺ 어둑어둑 ⇨ 글루-미

1736 ① ② ③

이 **영광스러운** 순간을 무엇으로 남기리?
글로 남기리.

☺ 영광 ⇨ 글로-리

1737 ① ② ③

타고 있는 난로에서 무엇으로 대화를 나누니?
글로 대화를 나누고 있어.

☺ 타고 있는 ⇨ 글로우

1738 ① ② ③

날씨가 정말 좋아.
그래, 날씨 정말 굿니네.

☺ 좋은(좋아) ⇨ 굿

1739 ① ② ③

제품이 우수하게 나왔는데 비결이 뭡니까?
좋은(good) 니스를 썼답니다.

☺ 우수 ⇨ 굿니스

1740 ① ② ③

호의를 베푸는 의미에서 영화 한편 보여 줄래?
그래, 굿윌 헌팅 보여 줄게.

☺ 호의 ⇨ 굿윌

1729 활주하다

① ② ③ ④ ⑤

1730 희미한 빛

① ② ③ ④ ⑤

1731 흘끗 보다

① ② ③ ④ ⑤

1732 빛나는

① ② ③ ④ ⑤

1733 지구의

① ② ③ ④ ⑤

1734 공

① ② ③ ④ ⑤

1735 어둑어둑

① ② ③ ④ ⑤

1736 영광

① ② ③ ④ ⑤

1737 타고 있는

① ② ③ ④ ⑤

1738 좋은

① ② ③ ④ ⑤

1739 우수

① ② ③ ④ ⑤

1740 호의

① ② ③ ④ ⑤

1729	**glide** [glaid]	① ② ③ ④		활주(하다), 미끄러지다	① ② ③ ④
1730	**glimmer** [glímər]	① ② ③ ④		희미한 빛, 어렴풋한 인식	① ② ③ ④
1731	**glimpse** [glimps]	① ② ③ ④		흘끗 보다, 흘끗 봄, 일별	① ② ③ ④
1732	**glitter** [glítər]	① ② ③ ④		반짝임, 빛나다	① ② ③ ④
1733	**global** [glóubəl]	① ② ③ ④		지구의, 세계적인, 전 세계의	① ② ③ ④
1734	**globe** [gloub]	① ② ③ ④		구, 공, 지구(의)	① ② ③ ④
1735	**gloomy** [glú:mi]	① ② ③ ④		어둑어둑한, 어두운, 우울한	① ② ③ ④
1736	**glory** [glɔ́:ri]	① ② ③ ④		영광, 영예, 기뻐하다	① ② ③ ④
1737	**glow** [glou]	① ② ③ ④		타다, 빛을 내다, 붉어지다	① ② ③ ④
1738	**good** [gud]	① ② ③ ④		좋은, 이익, 소용, 상품	① ② ③ ④
1739	**goodness** [gúdnis]	① ② ③ ④		선량, 친절, 우수	① ② ③ ④
1740	**goodwill** [gúdwil]	① ② ③ ④		호의, 기꺼이 ~ 함	① ② ③ ④

✓ STEP 1

1741 ① ② ③

멋진 자동차 샀다며?
사고가 나서, 이제 꼬져버렸어.

☺ 멋진 ⇨ 골-져스

1742 ① ② ③

교회 복음성가는 누가 불러?
가스펠 합창단이 불러.

☺ 복음성가 ⇨ 가스펠

1743 ① ② ③

너 내 소문 들었어?
그건 잘못된 소문이야, 그런
가십거리는 무시해.

☺ 소문 ⇨ 가싶

1744 ① ② ③

어떤 후보가 나라를 통치할 거 같아?
기호 가 번 후보가 통치할 거 같아.

☺ 통치하다 ⇨ 거번

1745 ① ② ③

정부에서 누가 문제를 해결할 거 같아?
장관이 가보면 틀림없이 해결할 수
있을 거야.

☺ 정부 ⇨ 거벌먼트

1746 ① ② ③

움켜쥐고 있는 사과를 무엇으로
포장할까?
가지고 있는 그 랩으로 포장하라.

☺ 움켜잡다 ⇨ 그랩

1747 ① ② ③

우아한 치마에 무엇이 가장 예쁘니?
그 레이스가 가장 예뻐.

☺ 우아 ⇨ 그레이스

1748 ① ② ③

우아한 레이스는 어떻게 붙였어?
그 레이스는 풀로 붙인 거야.

☺ 우아한 ⇨ 그레이스풀

1749 ① ② ③

내가 베푼 호의를 벌써 잊었니?
그래, 잊었어!

☺ 호의적인 ⇨ 그레이셔스

1750 ① ② ③

이 둘은 같은 학년이야?
그래, 이 둘은 같은 학년이야.

☺ 학년 ⇨ 그레이드

1751 ① ② ③

성적을 단계적으로 올려서 부모님을
기쁘게 할래요~
그래 꼭 그래주오!

☺ 단계적인 ⇨ 그래쥬얼

1752 ① ② ③

값이 점점 올라가는데 계속 오르겠지?
그래, 쥬얼리 가격이 오르는 추세야!

☺ 점점 ⇨ 그래쥬얼리

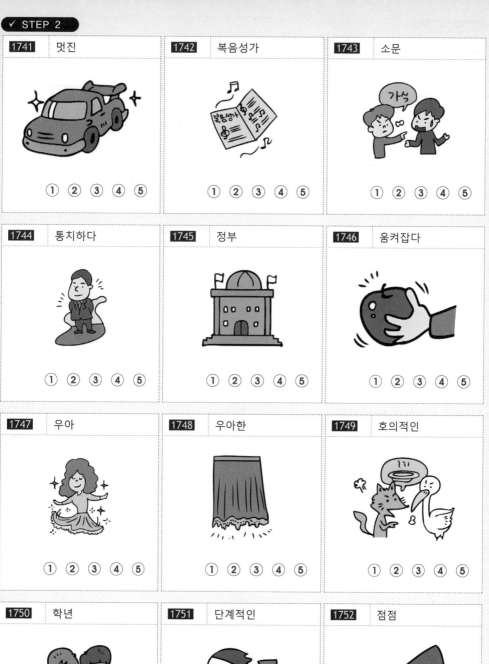

1741 멋진	1742 복음성가	1743 소문
① ② ③ ④ ⑤	① ② ③ ④ ⑤	① ② ③ ④ ⑤

1744 통치하다	1745 정부	1746 움켜잡다
① ② ③ ④ ⑤	① ② ③ ④ ⑤	① ② ③ ④ ⑤

1747 우아	1748 우아한	1749 호의적인
① ② ③ ④ ⑤	① ② ③ ④ ⑤	① ② ③ ④ ⑤

1750 학년	1751 단계적인	1752 점점
① ② ③ ④ ⑤	① ② ③ ④ ⑤	① ② ③ ④ ⑤

No.	단어	① ② ③ ④	그림	뜻	① ② ③ ④
1741	**gorgeous** [gɔ́rdʒəs]	① ② ③ ④		화려한, 멋진, 즐거운	① ② ③ ④
1742	**gospel** [gɑ́spəl]	① ② ③ ④		복음(서), 복음성가	① ② ③ ④
1743	**gossip** [gɑ́sip]	① ② ③ ④		세상 이야기, 험담, 뒷공론, (신문의) 가십, 소문, 잡담	① ② ③ ④
1744	**govern** [gʌ́vərn]	① ② ③ ④		통치하다, 다스리다, 억제하다	① ② ③ ④
1745	**government** [gʌ́vərnmənt]	① ② ③ ④		통치, 정부, 내각	① ② ③ ④
1746	**grab** [græb]	① ② ③ ④		움켜쥐다, 횡령하다, 덮치다	① ② ③ ④
1747	**grace** [greis]	① ② ③ ④		우아, 세련, 은총	① ② ③ ④
1748	**graceful** [gréisfəl]	① ② ③ ④		우아한, 품위 있는	① ② ③ ④
1749	**gracious** [gréiʃəs]	① ② ③ ④		호의적인, 친절한, 상냥한	① ② ③ ④
1750	**grade** [greid]	① ② ③ ④		등급, 학년	① ② ③ ④
1751	**gradual** [grǽdʒuəl]	① ② ③ ④		단계적인, 점차적인	① ② ③ ④
1752	**gradually** [grǽdʒuəli]	① ② ③ ④		점점	① ② ③ ④

✓ STEP 1

1753 ① ② ③

졸업하는데 오래 걸렸어?
그래도 에잇(eight/8년) 안에 졸업한
게 어디야.
☺ 졸업하다 ⇨ 그래쥬에이트

1754 ① ② ③

곡물을 골고루 먹으면 건강해져?
그래, 인간은 곡물을 골고루 먹어야
해.
☺ 곡물 ⇨ 그레인

1755 ① ② ③

휴 그랜트의 연기력 정말
인정해야겠네?
휴 그랜트 작품들은 다 흥행했어.
☺ 인정하다 ⇨ 그랜트

1756 ① ② ③

문제집을 손에 **꽉 쥐고**, 뭐라고
말했니?
그래, 모두 습득하고 싶어!
☺ 꽉 쥐다 ⇨ 그래습

1757 ① ② ③

왜 나한테 **고맙게 여기고** 있니?
네 글에 있던 문장을 풀 수(퍼올수)
있게 해줘서 고마워.
☺ 고맙게 여기다 ⇨ 그레일펄

1758 ① ② ③

크리스마스이브에 **무덤** 앞에서 만날래?
그래, 크리스마스이브에 완전 스릴
넘치긴 하겠다.
☺ 무덤 ⇨ 그레이브

1759 ① ② ③

자갈밭에 나를 왜 불렀니?
그래, 불렀어! 같이 놀려고.
☺ 자갈 ⇨ 그래벌

1760 ① ② ③

중력에 의해 사과나무가 밑으로
떨어져?
그래, 한번 버티성! 실험해 보자!
☺ 중력 ⇨ 그래버테이션

1761 ① ② ③

이 **중력** 시험으로 우주인이 돼?
그래, 이것만 **버티면** 우주인이 되는
거야.
☺ 중력 ⇨ 그래버티

1762 ① ② ③

소에게 **풀을 먹이는** 시간이 6시 맞지?
그래, 잊으면 안돼!
☺ 풀을 먹이다 ⇨ 그레이즈

1763 ① ② ③

탐욕스러운 그 화가가 뭘 그리는지 알아?
과일을 그리디(그리지)?
☺ 탐욕스러운 ⇨ 그리-디

1764 ① ② ③

인사하는 것이 다르네?
그리(그렇게) 특이하니?
☺ 인사하다 ⇨ 그리-트

1753	졸업하다

① ② ③ ④ ⑤

1754	곡물

① ② ③ ④ ⑤

1755	인정하다

① ② ③ ④ ⑤

1756	꽉 쥐다

① ② ③ ④ ⑤

1757	고맙게 여기다

① ② ③ ④ ⑤

1758	무덤

① ② ③ ④ ⑤

1759	자갈

① ② ③ ④ ⑤

1760	중력

① ② ③ ④ ⑤

1761	중력

① ② ③ ④ ⑤

1762	풀을 먹이다

① ② ③ ④ ⑤

1763	탐욕스러운

① ② ③ ④ ⑤

1764	인사하다

① ② ③ ④ ⑤

		①	②			①	②
1753	graduate [grǽdʒuéit]	③	④		졸업하다(시키다), 졸업생(의)	③	④
1754	grain [grein]	①	②		낟알, 곡물	①	②
		③	④			③	④
1755	grant [grænt]	①	②		주다, 수여하다, 인정하다, 보조금	①	②
		③	④			③	④
1756	grasp [græsp]	①	②		꽉 쥐다, 파악하다, 꽉 쥠, 이해력	①	②
		③	④			③	④
1757	grateful [gréitfəl]	①	②		감사하고 있는, 고맙게 여기는	①	②
		③	④			③	④
1758	grave [greiv]	①	②		무덤, 묘비	①	②
		③	④			③	④
1759	gravel [grǽvəl]	①	②		자갈(로 깔다), 곤란하게 하다	①	②
		③	④			③	④
1760	gravitation [grævətéiʃən]	①	②		중력, 인력 경향	①	②
		③	④			③	④
1761	gravity [grǽvəti]	①	②		중력, 인력 중대성	①	②
		③	④			③	④
1762	graze [greiz]	①	②		풀을 먹다(먹게 하다), 방목하다	①	②
		③	④			③	④
1763	greedy [gri:di]	①	②		탐욕스런, 갈망하는	①	②
		③	④			③	④
1764	greet [gri:t]	①	②		인사하다, 맞이하다	①	②
		③	④			③	④

✓ STEP 1

1765 ① ② ③

곰 인형을 잃어버리고 **슬픔**에 잠겼니?
잃어버린 인형이 **그리워**, 푸우!

☺ 슬픔 ⇨ 그리-프

1766 ① ② ③

곰 그게 널 **슬프게 해서** 언제까지
울거니?
그리 눈이 부을 만큼 울게 되겠지.

☺ 슬프게 하다 ⇨ 그리-브

1767 ① ② ③

미술관에 **무서운** 그림이 있다며?
나도 그 그림 봤어.

☺ 무서운 ⇨ 그림

1768 ① ② ③

뭘 보면서 가족이 **활짝 웃고** 있어?
동생이 그린 그림을 보고 웃고 있어.

☺ 활짝 웃다 ⇨ 그린

1769 ① ② ③

인도는 카레처럼 **빻아서** 먹는 음식이
많지?
그래, 인도 음식은 다 그래.

☺ 빻다 ⇨ 그라인드

1770 ① ② ③

저 남자의 마음을 **사로잡을** 수 있는
방법이 없을까?
널 그립도록 만들어!

☺ 사로잡다 ⇨ 그립

1771 ① ② ③

고통스러워하는 사람을 나물라
하지말자
응, 너그러운 마음으로 돕자!

☺ 고통스러워하다 ⇨ 그로운

1772 ① ② ③

신랑이 아주 좋아서 입 찢어지네?
그러게 아주 좋아서 **구름** 위에 떠
있네.

☺ 신랑 ⇨ 그루움

1773 ① ② ③

운동장에 잔디를 심었네?
그러게, 라운드(둥근)로 심었네.

☺ 운동장 ⇨ 그라운드

1774 ① ② ③

고함치는 소리가 어디서 울렸니?
그 라디오에서 울렸어.

☺ 고함치다(고함소리) ⇨ 그라울

1775 ① ② ③

그 **어른**이 쓴 글로 운 적이 있니?
그 어른이 쓴 글로 운 적은 없어요.

☺ 어른 ⇨ 그로운업

1776 ① ② ③

반 친구를 **시기해서** 어떻게 했어?
못살게 굴었지.

☺ 시기하다 ⇨ 그러쥐

1765 슬픔	1766 슬프게 하다	1767 무서운

① ② ③ ④ ⑤	① ② ③ ④ ⑤	① ② ③ ④ ⑤

1768 활짝 웃다	1769 빻다	1770 사로잡다

① ② ③ ④ ⑤	① ② ③ ④ ⑤	① ② ③ ④ ⑤

1771 고통스러워하다	1772 신랑	1773 운동장

① ② ③ ④ ⑤	① ② ③ ④ ⑤	① ② ③ ④ ⑤

1774 고함치다(고함소리)	1775 어른	1776 시기하다

① ② ③ ④ ⑤	① ② ③ ④ ⑤	① ② ③ ④ ⑤

1765	grief [gri:f]	① ② ③ ④		깊은 슬픔, 비통	① ② ③ ④
1766	grieve [gri:v]	① ② ③ ④		슬프게 하다, 몹시 슬퍼하다	① ② ③ ④
1767	grim [grim]	① ② ③ ④		엄한, 냉혹한, 무서운	① ② ③ ④
1768	grin [grin]	① ② ③ ④		활짝 웃다, 활짝 웃음	① ② ③ ④
1769	grind [graind]	① ② ③ ④		갈다, 빻다 갈기, 빻기	① ② ③ ④
1770	grip [grip]	① ② ③ ④		꽉 잡다, 사로잡다, 꽉 쥠, 통제력, 이해	① ② ③ ④
1771	groan [groun]	① ② ③ ④		신음하다, 고통스러워하다 신음	① ② ③ ④
1772	groom [gru(:)m]	① ② ③ ④		신랑, 손질하다	① ② ③ ④
1773	ground [graund]	① ② ③ ④		지면, 운동장, 장소, 근거, 이유	① ② ③ ④
1774	growl [graul]	① ② ③ ④		으르렁거리는 소리, 고함치다	① ② ③ ④
1775	grown-up [gróunλp]	① ② ③ ④		성장한, 성숙한, 어른	① ② ③ ④
1776	grudge [grʌdʒ]	① ② ③ ④		시기하다, 주기 싫어하다, 원한	① ② ③ ④

✓ STEP 1

1777 ① ② ③

빛이 밝다고 **불평 하면** 어떻게
할까요?
그럼, 불을 꺼 드리세요.
☺ 불평하다 ⇨ 그럼벌

1778 ① ② ③

보증으로 뭘 받았나요?
계란과 티셔츠를 받았어요.
☺ 보증 ⇨ 개런티-

1779 ① ② ③

경계를 서는 사람은 누구야?
보디가드야.
☺ 경계 ⇨ 가-드

1780 ① ② ③

알아맞혀봐, 동전의 개수를?
소리로는 동전 개수를 맞추기는
어려워.
☺ 알아맞히다 ⇨ 게스

1781 ① ② ③

그 **안내자**는 가이드를 잘 했니?
초보 가이드라서, 길을 좀 헤맸어.
☺ 안내자 ⇨ 가이드

1782 ① ② ③

협회로 가는 길을 좀 알려줄래?
응, 자동차 길도 알려줄게.
☺ 협회 ⇨ 길드

1783 ① ② ③

유죄의 판명을 받은 사람이 어디로
튀었지?
오솔길로 튀었어.
☺ 유죄 ⇨ 길티

1784 ① ② ③

이라크전쟁이 있었던 **만**의 이름은?
걸프만이야.
☺ 만 ⇨ 걸프

1785 ① ② ③

땅! 하는 **총**소리는 무엇을 의미하니?
목숨을 건 전쟁을 의미하는 거야.
☺ 총 ⇨ 건

1786 ① ② ③

돌풍이 심하게 불고 뭐가 나타나?
고스트(유령)가 나타나.
☺ 돌풍 ⇨ 거스트

1787 ① ② ③

지금 **체육관**에 있니?
그래, 짐(지금) 체육관에 있어!
☺ 체육관 ⇨ 짐

1788 ① ② ③

사자들의 **서식지**로 적당한 곳은 어딜까?
햇볕 따뜻한 곳이 제일이야.
☺ 서식지 ⇨ 해비탤

1777 불평하다	1778 보증	1779 경계

① ② ③ ④ ⑤ ① ② ③ ④ ⑤ ① ② ③ ④ ⑤

1780 알아맞히다	1781 안내자	1782 협회

① ② ③ ④ ⑤ ① ② ③ ④ ⑤ ① ② ③ ④ ⑤

1783 유죄	1784 만	1785 총

① ② ③ ④ ⑤ ① ② ③ ④ ⑤ ① ② ③ ④ ⑤

1786 돌풍	1787 체육관	1788 서식지

① ② ③ ④ ⑤ ① ② ③ ④ ⑤ ① ② ③ ④ ⑤

1777	**grumble** [grʌmbəl]	① ② ③ ④		불평하다, 끙끙거리다	① ② ③ ④
1778	**guarantee** [gærəntíː]	① ② ③ ④		보증(하다), 보증서, 약속하다	① ② ③ ④
1779	**guard** [gaːrd]	① ② ③ ④		경계, 감시, 보호(하다)	① ② ③ ④
1780	**guess** [ges]	① ② ③ ④		추측하다, 알아맞히다 생각하다	① ② ③ ④
1781	**guide** [gaid]	① ② ③ ④		안내자, 길잡이	① ② ③ ④
1782	**guild** [gild]	① ② ③ ④		길드, 동업조합, 협회	① ② ③ ④
1783	**guilty** [gílti]	① ② ③ ④		유죄의	① ② ③ ④
1784	**gulf** [gʌlf]	① ② ③ ④		만 (보통 bay보다 크며 폭에 비해 안쪽 길이가 넓음) (비유: 넘을 수 없는 큰 간격)	① ② ③ ④
1785	**gun** [gʌn]	① ② ③ ④		대포, 총	① ② ③ ④
1786	**gust** [gʌst]	① ② ③ ④		돌풍, 소나기, 격정	① ② ③ ④
1787	**gym** [ʤim]	① ② ③ ④		체육관, 체육	① ② ③ ④
1788	**habitat** [hǽbətæt]	① ② ③ ④		환경, (동식물의) 서식지	① ② ③ ④

✓ STEP 1

1789 ① ② ③	1790 ① ② ③	1791 ① ② ③
평소의 햇살은 어디를 비추었니? 헛간의 소를 비추었어. ☺ 평소의 ⇨ 허비츄얼	내리는 **우박**을 헤일 수 있어, 없어? 헤일 수 없어. ☺ 우박 ⇨ 헤일	하프연주 **도중에** 어디 갈려고? 하프연주 도중 그 웨이(way)로 나왔어. ☺ 도중에 ⇨ 해프웨이

1792 ① ② ③	1793 ① ② ③	1794 ① ② ③
아기를 해외로 입양되는 일을 **중지**시킨 곳은 어디야? 홀트 아동복지회야. ☺ 중지 ⇨ 호올트	김장 때 **일손**이 필요한데 도와줄래? 당연 핸드(hand)를 빌려드려야죠. ☺ 일손 ⇨ 핸드	이 전시회 **안내서**는 어디에 뒀니? 핸드에 있는 북(book)안에 넣어놨어. ☺ 안내서 ⇨ 핸드북

1795 ① ② ③	1796 ① ② ③	1797 ① ② ③
손에 든 것은 덤벨이야? 응, 핸드로 하는 헬스 운동기구야. ☺ 손에 든 ⇨ 핸드헬드	**장애가 있는** 그녀는 무슨 핸디캡이니? 혼자서 계단을 못 오르는 핸디캡! ☺ 장애가 있는 ⇨ 핸디캡트	운전을 할 때 **손잡이**를 어떻게 잡아야 해? 핸들을 꽉 잡고, 잘 돌려야지. ☺ 손잡이 ⇨ 핸들

1798 ① ② ③	1799 ① ② ③	1800 ① ② ③
능숙하게 그림을 잘 그리기 위해 극복한 게 뭐야? 손의 핸디캡이야. ☺ 능숙한 ⇨ 핸디	동생이 형에게 **매달려** 형을 어떻게 불렀니? 행님아! 하고 불렀어. ☺ 매달리다 ⇨ 행	장난꾸러기 러스(인명)는 언제부터 동생을 **괴롭히고** 있니? 해가 뜨자마자 러스는 동생을 괴롭혀. ☺ 괴롭히다 ⇨ 해러스

1789 평소의	1790 우박	1791 도중에

① ② ③ ④ ⑤	① ② ③ ④ ⑤	① ② ③ ④ ⑤

1792 중지	1793 일손	1794 안내서
① ② ③ ④ ⑤	① ② ③ ④ ⑤	① ② ③ ④ ⑤

1795 손에 든	1796 장애가 있는	1797 손잡이
① ② ③ ④ ⑤	① ② ③ ④ ⑤	① ② ③ ④ ⑤

1798 능숙한	1799 매달리다	1800 괴롭히다
① ② ③ ④ ⑤	① ② ③ ④ ⑤	① ② ③ ④ ⑤

1789	habitual [həbítʃuəl]	① ② ③ ④		습관적인, 평소의	① ② ③ ④
1790	hail [heil]	① ② ③ ④		싸락눈, 우박(이 내리다), 큰소리로 부르다	① ② ③ ④
1791	halfway [háfwéi]	① ② ③ ④		도중의, 도중에	① ② ③ ④
1792	halt [hɔ:lt]	① ② ③ ④		정지하다, 정지, 중지	① ② ③ ④
1793	hand [hænd]	① ② ③ ④		일손, 원조	① ② ③ ④
1794	handbook [hǽndbùk]	① ② ③ ④		편람, 안내서	① ② ③ ④
1795	handheld [hǽndhèld]	① ② ③ ④		손으로 떠받친, 손에 든	① ② ③ ④
1796	handicapped [hǽndikæ̀pt]	① ② ③ ④		장애가 있는, 불구가 된	① ② ③ ④
1797	handle [hǽndl]	① ② ③ ④		만지다, 다루다, 처리하다, 손잡이	① ② ③ ④
1798	handy [hǽndi]	① ② ③ ④		알맞은, 편리한, 능숙한, 가까이 있는	① ② ③ ④
1799	hang [hæŋ]	① ② ③ ④		매달(리)다, 걸(리)다	① ② ③ ④
1800	harass [hǽrəs]	① ② ③ ④		괴롭히다	① ② ③ ④

✓ STEP 1

1801 ① ② ③

항구의 하늘에 뭐가 날라 다니니?
하늘에 벌이 날아다니네.

☺ 항구 ⇨ 하-벌

1802 ① ② ③

뼈를 **강하게** 만들려면 어떻게 해?
저 할머니가 들고 있는 철분제를
먹어봐.

☺ 강하게 하다 ⇨ 하-든

1803 ① ② ③

컴퓨터에 무슨 **곤란**이 있니?
하드웨어가 **쉽게** 망가져 곤란을 겪고
있어.

☺ 곤란 ⇨ 하-드쉽

1804 ① ② ③

하드웨어를 사려면 어디로 가야해?
하드웨어는 저기 컴퓨터 가게로 가.

☺ 하드웨어 ⇨ 하-드웨어

1805 ① ② ③

연극 **산토끼** 중에도 헤어 디자이너가
있을까?
응, 헤어디자이너가 있어.

☺ 산토끼 ⇨ 헤얼

1806 ① ② ③

신부 집에서 **손해**는 왜 보게 된 거야?
함 값을 너무 많이 내서 그래.

☺ 손해 ⇨ 하암

1807 ① ② ③

해로운 것은 조심해야 하랬자나?
판도라의 상자처럼 함부로 풀면 큰 일
나.

☺ 해로운 ⇨ 하암펄

1808 ① ② ③

저 연기와 음악이 참 **조화롭지** 않니?
우리 할머니도 싱크로나이즈를
좋아해.

☺ 조화시키다 ⇨ 할-머나이즈

1809 ① ② ③

화합은 누구의 소원이야?
화합은 우리 **할머니**의 소원이야.

☺ 화합 ⇨ 할-머니

1810 ① ② ③

마구를 만들고 마지막에 해야 할 일은
뭐야?
마무리로 할 일은 니스칠이야.

☺ 마구 ⇨ 하-니스

1811 ① ② ③

저 **사나운** 개가 무서워?
개에게 하쉬! 라고 불러주면 꼬리를
흔들 거야.

☺ 사나운 ⇨ 하-쉬

1812 ① ② ③

이곳도 곡식을 **수확**하는 방법이
한국과 비슷하네?
그래, **한국과 비슷해**.

☺ 수확 ⇨ 하-비스트

1801 항구	1802 강하게 하다	1803 곤란

① ② ③ ④ ⑤	① ② ③ ④ ⑤	① ② ③ ④ ⑤

1804 하드웨어	1805 산토끼	1806 손해

① ② ③ ④ ⑤	① ② ③ ④ ⑤	① ② ③ ④ ⑤

1807 해로운	1808 조화시키다	1809 화합

① ② ③ ④ ⑤	① ② ③ ④ ⑤	① ② ③ ④ ⑤

1810 마구	1811 사나운	1812 수확

① ② ③ ④ ⑤	① ② ③ ④ ⑤	① ② ③ ④ ⑤

		①	②			①	②
1801	**harbor** [háːrbər]	③	④		항구, 피난처, 품다, 숨기다	③	④
1802	**harden** [háːrdn]	①	②		굳히다, 강하게 하다	①	②
		③	④			③	④
1803	**hardship** [háːrdʃip]	①	②		고난, 고초, 신고, 곤란, 곤궁, 곤경, 어려운 일	①	②
		③	④			③	④
1804	**hardware** [háːrdwɛ̀ər]	①	②		철물, 하드웨어	①	②
		③	④			③	④
1805	**hare** [hɛər]	①	②		산토끼, 겁쟁이, 바보	①	②
		③	④			③	④
1806	**harm** [hɑːrm]	①	②		해, 손해, 손상	①	②
		③	④			③	④
1807	**harmful** [háːrmfəl]	①	②		해로운	①	②
		③	④			③	④
1808	**harmonize** [háːrmənàiz]	①	②		조화시키다, 화합시키다, 일치시키다	①	②
		③	④			③	④
1809	**harmony** [háːrməni]	①	②		조화, 화합, 일치	①	②
		③	④			③	④
1810	**harness** [háːrnis]	①	②		마차용, 마구(馬具), 갑옷, 장치, 장비, 작업 설비	①	②
		③	④			③	④
1811	**harsh** [hɑːrʃ]	①	②		거친, 사나운, 호된	①	②
		③	④			③	④
1812	**harvest** [háːrvist]	①	②		수확(기), 추수, 수확하다	①	②
		③	④			③	④

✓ STEP 1

1813 ① ② ③

이 산에서는 왜 **서둘러** 내려**가니**?
해있을 때 가야지 해지면 추워져!

☺ 서둘러 가다 ➪ 헤이슨

| 1814 ① ② ③ |

병아리가 **부화하면** 어디 두면 돼?
너구리가 해치지 않게 잘 둬.

☺ 부화하다 ➪ 해취

| 1815 ① ② ③ |

그렇게 매일 술만 마시며 나를
미워하니?
헤(하)이트 맥주만 마셔서 그래.

☺ 미워하다 ➪ 헤이트

| 1816 ① ② ③ |

넌 해와 트리(tree)를 **증오**해?
해와 **이 트리**에 대한 안 좋은 경험이 있어.

☺ 증오 ➪ 헤이트리드

| 1817 ① ② ③ |

쟤는 왜 저렇게 **건방진** 거야?
호랑이 티만 입으면 항상 그래.

☺ 건방진 ➪ 호-티

| 1818 ① ② ③ |

악! 맨홀에 빠져서 그러는데 **끌어당겨** 줄래?
어쩌다 맨홀에 빠졌어?

☺ 끌어당기다 ➪ 호올

| 1819 ① ② ③ |

연극에서 귀신이 **출몰하니**?
혼이 투(two/둘), 두 명이 출몰해.

☺ 출몰하다 ➪ 호온트

| 1820 ① ② ③ |

여기 **건초** 좀 날라 주겠소?
안 들려요, 헤이! 하고 크게 불러야
들려요.

☺ 건초 ➪ 헤이

| 1821 ① ② ③ |

여기는 왜 **위험**한 거야?
해 떠도 해 져도 차가 씽씽 달려서
그래.

☺ 위험 ➪ 해절드

| 1822 ① ② ③ |

신문 기사의 **표제**는 무엇으로 할까?
제목은 간단히 해둬라 잉!

☺ 표제 ➪ 헤드라인

| 1823 ① ② ③ |

그녀는 어떻게 마음의 병을 **고쳤니**?
멋있는 힐 (high heeled shoes)을
신고 고쳤어.

☺ 고치다 ➪ 히일

| 1824 ① ② ③ |

하이힐 자주 신으면 **치료**해야해?
나 하이힐 신고 무리가 와서 링거
맞았어.

☺ 치료 ➪ 히일링

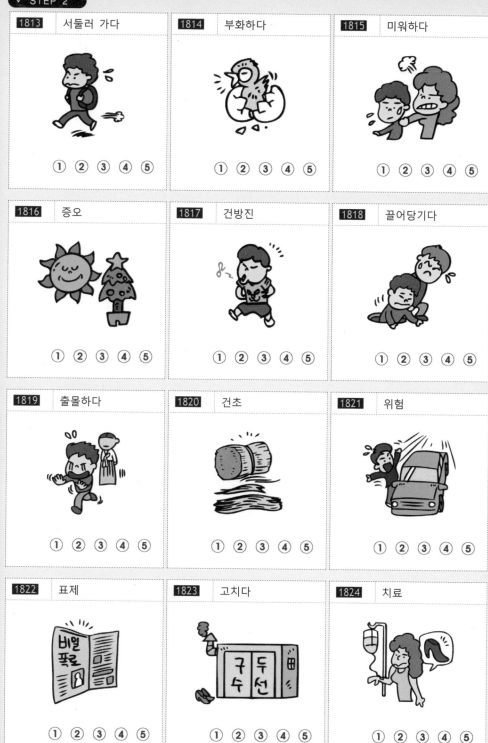

1813	서둘러 가다
1814	부화하다
1815	미워하다

① ② ③ ④ ⑤

1816	증오
1817	건방진
1818	끌어당기다

① ② ③ ④ ⑤

1819	출몰하다
1820	건초
1821	위험

① ② ③ ④ ⑤

1822	표제
1823	고치다
1824	치료

① ② ③ ④ ⑤

1813	hasten [héisən]	①	②		재촉하다 서둘러 가다	①	②
		③	④			③	④
1814	hatch [hætʃ]	①	②		부화하다, 꾸미다, 승강구	①	②
		③	④			③	④
1815	hate [heit]	①	②		미워하다	①	②
		③	④			③	④
1816	hatred [héitrid]	①	②		증오, 원한	①	②
		③	④			③	④
1817	haughty [hɔ́:ti]	①	②		오만한, 거만한, 건방진, 도도한, 불손한.	①	②
		③	④			③	④
1818	haul [hɔ:l]	①	②		(무거운 것을) 끌어당기다	①	②
		③	④			③	④
1819	haunt [hɔ:nt]	①	②		종종 방문하다 -에 빈번히 들르다, (유령) -에 출몰하다	①	②
		③	④			③	④
1820	hay [hei]	①	②		건초	①	②
		③	④			③	④
1821	hazard [hǽzərd]	①	②		위험, 보험	①	②
		③	④			③	④
1822	headline [hǽdlàin]	①	②		(신문기사의) 표제, 방송 뉴스의 주요 제목, (책의) 윗난	①	②
		③	④			③	④
1823	heal [hi:l]	①	②		(병·상처·마음의 아픔 등을) 고치다, 낫게 하다, (불화를) 화해 시키다, 정화시키다, 깨끗이 하다	①	②
		③	④			③	④
1824	healing [hí:liŋ]	①	②		치료의, 낫게 하는, 회복시키는, 치료, 회복	①	②
		③	④			③	④

✓ STEP 1

1825 ① ② ③

건강한 몸 만들려고 누구와 어디
다니세요?
헬스장에 김씨와 같이 다녀요.
☺ 건강한 ⇨ 헬씨

1826 ① ② ③

몸 어디에 지방이 **많이** 있어요?
응, 히프 (hip)쪽에요.
☺ 많음 ⇨ 히잎

1827 ① ② ③

심박이 빨라요. 무슨 일 있었나요?
하-트(heart)에 빗 꽂힐 뻔했어요.
☺ 심박 ⇨ 하-트빝

1828 ① ② ③

무엇 때문에 그리 **비탄에 빠져**있니?
카드 할부로 커진 빚 때문에 그래.
☺ 비탄에 빠진 ⇨ 하-트브로컨

1829 ① ② ③

경기에서 지건 이기건 **용기를
불어넣어** 줘.
하여튼 넌 최고야!
☺ 용기를 불어넣다 ⇨ 하-튼

1830 ① ② ③

고양이가 **난로 부근**에서 뭐 하고
있니?
혀로 발을 핥고 트림하고 있어.
☺ 난로 부근 ⇨ 할-쓰

1831 ① ② ③

일사병으로 사람이 쓰러지면?
획 눕혀서 스트로우 (빨대) 큰 걸로
물을 마시게 하면 돼.
☺ 일사병 ⇨ 힐-스트로우크

1832 ① ② ③

바위 같은 **무거운 걸 들어 올리면**
허리가?
허리가 휘고 부러질 거야.
☺ 무거운 것을 들어 올리다 ⇨
히-브

1833 ① ② ③

하늘이 맑은 이유는 뭐야?
해가 분명하게 떠있어서 그래.
☺ 하늘 ⇨ 헤번

1834 ① ② ③

산울타리가 예쁘네?
응, 그 뒤로 해가 지는 모습도 예뻐.
☺ 산울타리 ⇨ 헤쥐

1835 ① ② ③

주의해야 할 사항이 뭐야?
히드라에게 들키지 않도록 조심해!
☺ 주의 ⇨ 히-드

1836 ① ② ③

얼마나 **높게** 탑을 쌓은 거야?
하늘에 닿을 만큼 쌓다가 이튿날
가보니 무너져 있더라고.
☺ 높게 하다 ⇨ 하이튼

119

1825 건강한	1826 많음	1827 심박
① ② ③ ④ ⑤	 ① ② ③ ④ ⑤	 ① ② ③ ④ ⑤

1828 비탄에 빠진	1829 용기를 불어넣다	1830 난로 부근
 ① ② ③ ④ ⑤	 ① ② ③ ④ ⑤	 ① ② ③ ④ ⑤

1831 일사병	1832 무거운 것을 들어 올리다	1833 하늘
 ① ② ③ ④ ⑤	 ① ② ③ ④ ⑤	 ① ② ③ ④ ⑤

1834 산울타리	1835 주의	1836 높게 하다
 ① ② ③ ④ ⑤	 ① ② ③ ④ ⑤	 ① ② ③ ④ ⑤

		①	②			①	②
1825	**healthy** [hélθi]	③	④		건강한, 건강에 좋은	③	④
1826	**heap** [hi:p]	①	②		많음, 다수, 다량, 쌓아올린 것, 퇴적, (산)더미, 덩어리 , 쌓아올리다	①	②
		③	④			③	④
1827	**heartbeat** [ha:rtbì:t]	①	②		고동, 심박, 심장	①	②
		③	④			③	④
1828	**heartbroken** [ha:rtbròukən]	①	②		비탄에 빠진	①	②
		③	④			③	④
1829	**hearten** [há:rtən]	①	②		용기를 불어넣다	①	②
		③	④			③	④
1830	**hearth** [ha:rθ]	①	②		난로 (바닥); 난로 부근	①	②
		③	④			③	④
1831	**heatstroke** [hitstròuk]	①	②		일사병	①	②
		③	④			③	④
1832	**heave** [hi:v]	①	②		(무거운 것을) 들어올리다, 오르내리다	①	②
		③	④			③	④
1833	**heaven** [hévən]	①	②		하늘, 신, 천국	①	②
		③	④			③	④
1834	**hedge** [heʤ]	①	②		산울타리, 장벽, 장애	①	②
		③	④			③	④
1835	**heed** [hi:d]	①	②		주의, 유의	①	②
		③	④			③	④
1836	**heighten** [háitn]	①	②		높게 하다, 높이다, 고상하게 하다, 더하다, 강화시키다, 증대시키다	①	②
		③	④			③	④

✓ STEP 1

1837 ① ② ③

상속인이 안 보이네?
응, 사람들이 에워싸서 안 보여.

☺ 상속인 ⇨ 에얼

1838 ① ② ③

지옥의 문에서 악마가 뭐라고 하며
인사해?
헬로 하면서 인사해.

☺ 지옥 ⇨ 헬

1839 ① ② ③

도움이 필요 하세요?
네. 해를 오래 봤더니 핑! 하고
돌아서요.

☺ 도움 ⇨ 헬핑

1840 ① ② ③

무력한 기분이 드는데 도와주실래요?
제가 헬프해서 폴리스(police)에
전화중이에요.

☺ 무력한 ⇨ 헬플리스

1841 ① ② ③

반구 모양의 햄을 여기서 파나요?
예, 여기 반구모양 햄 있어요.

☺ 반구 ⇨ 헤미스피얼

1842 ① ② ③

약초 중에 몸에 좋은 게 뭐가 있지?
허브 좋아.

☺ 약초 ⇨ 허-브

1843 ① ② ③

풀만 먹는 **초식동물**들은 어때 보여?
풀만 먹어서 그런지 헐벗어 보여.

☺ 초식동물 ⇨ 허-버보-얼

1844 ① ② ③

소떼가 무슨 소리를 들었니?
늑대 소리를 헐드(들었어).

☺ 소떼 ⇨ 헐-드

1845 ① ② ③

  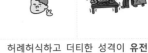

허례허식하고 더티한 성격이 **유전**
되었나보네?
조상도 허례허식하고 더티(dirty)한 성격이야.

☺ 유전 ⇨ 허레더티

1846 ① ② ③

해리가 유산을 받으면 튈까?
아마도 헤리는 튀지 않겠어?

☺ 유산 ⇨ 헤리티쥐

1847 ① ② ③

그녀 밑에 **수행자**들이 있니?
헐(her) 밑엔 수행자가 있어.

☺ 수행자 ⇨ 헐-미트

1848 ① ② ③

 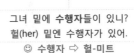

영웅들은 어디로 오나요?
히얼(here)로 온다고 했어.

☺ 영웅 ⇨ 히-로우

1837 상속인	1838 지옥	1839 도움

① ② ③ ④ ⑤	① ② ③ ④ ⑤	① ② ③ ④ ⑤

1840 무력한	1841 반구	1842 약초

① ② ③ ④ ⑤	① ② ③ ④ ⑤	① ② ③ ④ ⑤

1843 초식동물	1844 소떼	1845 유전

① ② ③ ④ ⑤	① ② ③ ④ ⑤	① ② ③ ④ ⑤

1846 유산	1847 수행자	1848 영웅

① ② ③ ④ ⑤	① ② ③ ④ ⑤	① ② ③ ④ ⑤

1837	**heir** [ɛər]	①	②		상속인, 법정 상속인, 후계자	①	②
		③	④			③	④
1838	**hell** [hel]	①	②		지옥	①	②
		③	④			③	④
1839	**helping** [hélpiŋ]	①	②		도움, 조력(의)	①	②
		③	④			③	④
1840	**helpless** [hélplis]	①	②		스스로 할 수 없는, 무력한	①	②
		③	④			③	④
1841	**hemisphere** [hémisfiər]	①	②		(지구·천체의) 반구, 반구의 주민[국가], 반구의 지도	①	②
		③	④			③	④
1842	**herb** [hə:rb]	①	②		풀, 약초	①	②
		③	④			③	④
1843	**herbivore** [hə́:rbəvɔ̀:r]	①	②		초식 동물	①	②
		③	④			③	④
1844	**herd** [hə:rd]	①	②		짐승의 떼, (특히) 소·돼지의 떼	①	②
		③	④			③	④
1845	**heredity** [hərédəti]	①	②		유전; 세습; 전통.	①	②
		③	④			③	④
1846	**heritage** [héritidʒ]	①	②		상속 재산, 세습 재산, (대대로) 물려받은 것, 유산, 전통, 천성, 운명	①	②
		③	④			③	④
1847	**hermit** [hə́:rmit]	①	②		수행자(修行者), 신선, 도사, 은자(anchorite), 속세를 버린 사람	①	②
		③	④			③	④
1848	**hero** [hí:rou]	①	②		영웅, 주인공	①	②
		③	④			③	④

✓ STEP 1

1849 ① ② ③

드라마 **여주인공**이 어떻게 된 거야?
헤로인에 중독 됐데.
☺ 여주인공 ⇨ 헤로우인

1850 ① ② ③

남자친구랑 **망설이지** 말고 데이트하고
놀다오랬지?
당연히 했지, 데이트.
☺ 망설이다 ⇨ 헤저테이트

1851 ① ② ③

육각형 핵폭탄은 확실해?
육각형 핵폭탄은 확신이 서건 안서건
개발해.
☺ 육각형 ⇨ 헥서건

1852 ① ② ③

추운 **겨울을 지내**야 하는데 어쩌지?
하! 추워 이거 내건데, **입어 내의**.
☺ 겨울을 지내다 ⇨ 하이벌네이트

1853 ① ② ③

딸꾹질 멈추는 법 가르쳐 줘?
흰 컵에 있는 물을 마셔, 그러면 멈춰.
☺ 딸꾹질 ⇨ 히컵

1854 ① ② ③

치아를 왜 **숨기는** 거니?
하나가 상했는데 그 옆 **이두** 상해서
창피해서 그래.
☺ 숨기다(숨다) ⇨ 하이드

1855 ① ② ③

무시무시한 귀신은 지금 어디 있니?
이미 히이! 하면서 너 **뒤에** 서 있잖아.
☺ 무시무시한 ⇨ 히디어스

1856 ① ② ③

특별 계층의 경매가 있어?
마지막 경매는 하~ 이런 악기가 있나
싶을걸.
☺ 계층 ⇨ 하이어라-키

1857 ① ② ③

그 날의 **주요사건**을 무엇이라고 말해?
뉴스에서 하이라이트라고 해.
☺ 주요사건 ⇨ 하일라이트

1858 ① ② ③

첨단기술로 뭘 만들었니?
특수 하이테크 펜을 만들었어.
☺ 첨단기술 ⇨ 하이테크

1859 ① ② ③

미국에서 **고속도로**를 뭐라고 해?
하이웨이라고 해.
☺ 고속도로 ⇨ 하이웨이

1860 ① ② ③

언덕을 오를 때 힘 든 신발은 뭐야?
굽 높은 하이힐 신발이야.
☺ 언덕 ⇨ 힐

125

1849	여주인공	1850	망설이다	1851	육각형

① ② ③ ④ ⑤

① ② ③ ④ ⑤

① ② ③ ④ ⑤

1852	겨울을 지내다	1853	딸꾹질	1854	숨기다(숨다)

① ② ③ ④ ⑤

① ② ③ ④ ⑤

① ② ③ ④ ⑤

1855	무시무시한	1856	계층	1857	주요사건

① ② ③ ④ ⑤

① ② ③ ④ ⑤

① ② ③ ④ ⑤

1858	첨단기술	1859	고속도로	1860	언덕

① ② ③ ④ ⑤

① ② ③ ④ ⑤

① ② ③ ④ ⑤

		① ② ③ ④			① ② ③ ④
1849	**heroine** [hérouin]	① ② ③ ④		여걸, 여주인공	① ② ③ ④
1850	**hesitate** [hézitéit]	① ② ③ ④		주저하다, 망설이다	① ② ③ ④
1851	**hexagon** [héksəgàn]	① ② ③ ④		(수학) 육모꼴, 육각형	① ② ③ ④
1852	**hibernate** [háibərnèit]	① ② ③ ④		(들어박혀)겨울을 지내다, 동면하다, (사람이)피한(避寒) 하다	① ② ③ ④
1853	**hiccup** [híkʌp]	① ② ③ ④		딸꾹질, 약간의 문제, (주식의) 일시적 하락, 딸꾹질하다	① ② ③ ④
1854	**hide** [haid]	① ② ③ ④		숨기다, 숨다, (특히 큰) 짐승의 가죽	① ② ③ ④
1855	**hideous** [hidiəs]	① ② ③ ④		무시무시한, 소름끼치는	① ② ③ ④
1856	**hierarchy** [háiərá:rki]	① ② ③ ④		위계 조직, 계층	① ② ③ ④
1857	**highlight** [hailàit]	① ② ③ ④		가장 밝은(중요한) 부분, 주요사건	① ② ③ ④
1858	**high-tech** [haiték]	① ② ③ ④		하이테크의, 첨단기술	① ② ③ ④
1859	**highway** [háiwèi]	① ② ③ ④		공도(公道), 간선도로, 큰길, 한길, 하이웨이, 고속도로 (비유) 대도, 탄탄대로	① ② ③ ④
1860	**hill** [hil]	① ② ③ ④		언덕, 고개	① ② ③ ④

✓ STEP. 1

1861 ① ② ③

뒤에서 잡아당겨 **방해하니** 어때?
당기지 마, **힘들어.**

☺ 방해하다 ⇨ 힌덜

1862 ① ② ③

건물 **임대하려고** 건물주에게 뭐라고
말했니?
하이, 얼마예요?

☺ 임대하다 ⇨ 하이얼

1863 ① ② ③

쉿 소리를 어떻게 냈니?
히히~ 웃으며 수군거리며 냈어.

☺ 쉿 소리 ⇨ 히스

1864 ① ② ③

역사적인 유적지를 주로 방영하는
채널이 뭐야?
히스토리 채널이야.

☺ 역사적인 ⇨ 히스토릭

1865 ① ② ③

역사상의 유명한 왕들이 나오는
채널은?
히스토리 채널인데 컬러로 나와.

☺ 역사상의 ⇨ 히스토리컬

1866 ① ② ③

알파치노 주연의 **히트작품**이
흥행했니?
그래 '히트'도 히트쳤어.

☺ 히트 작품 ⇨ 히트

1867 ① ② ③

호텔 파티장의 사람들은 **수용했니?**
홀도 사람으로 꽉 찼지만 모두
수용했어.

☺ 수용하다 ⇨ 호울드

1868 ① ② ③

속이 빈 호박은 왜 필요하니?
할로윈 파티에서 조각해서 쓸 거야.

☺ 속이 빈 ⇨ 할로우

1869 ① ② ③

신성한 성당의 분위기가 어때?
너무 신성해서 기분이 홀릴 정도야.

☺ 신성한 ⇨ 호울리

1870 ① ② ③

존경하는 아빠에게 아들이 뭘
물었나요?
아빠 이거 호미지?

☺ 존경 ⇨ 하미쥐

1871 ① ② ③

본국에 돌아가면 무엇을 먼저 하고 싶어?
야구경기에서 홈런을 한방 날리고
싶어!

☺ 본국 ⇨ 호움

1872 ① ② ③

집 없이 생활하는 사람들을 뭐하고
부르지?
홈리스라고 해.

☺ 집 없는 ⇨ 호움리스

1861 방해하다	1862 임대하다	1863 쉿 소리

① ② ③ ④ ⑤	① ② ③ ④ ⑤	① ② ③ ④ ⑤

1864 역사적인	1865 역사상의	1866 히트 작품

① ② ③ ④ ⑤	① ② ③ ④ ⑤	① ② ③ ④ ⑤

1867 수용하다	1868 속이 빈	1869 신성한

① ② ③ ④ ⑤	① ② ③ ④ ⑤	① ② ③ ④ ⑤

1870 존경	1871 본국	1872 집 없는

① ② ③ ④ ⑤	① ② ③ ④ ⑤	① ② ③ ④ ⑤

		①	②			①	②
1861	**hinder** [hindər]	③	④		방해하다, 못하게 하다	③	④
1862	**hire** [haiər]	① ③	② ④		고용하다, 빌려오다, 임대하다, 고용, 임차	① ③	② ④
1863	**hiss** [his]	① ③	② ④		(뱀·증기·거위 따위가) 쉿 소리를 내다, 쉿 하고 꾸짖다	① ③	② ④
1864	**historic** [histɔ́(:)rik]	① ③	② ④		역사적인, 역사적으로 유명한	① ③	② ④
1865	**historical** [histɔ́(:)rikəl]	① ③	② ④		역사상의	① ③	② ④
1866	**hit** [hit]	① ③	② ④		치다, 문득 생각해내다, 히트 작품, 적중	① ③	② ④
1867	**hold** [hould]	① ③	② ④		(손에) 갖고 있다, 유지하다, 붙들다, 잡다 (by), 쥐다, 유지하다, 수용하다	① ③	② ④
1868	**hollow** [hálou]	① ③	② ④		속이 빈, (목소리) 공허한, 힘없는, 내실이 없는, 우묵한, 움푹 꺼진(sunk).	① ③	② ④
1869	**holy** [hóuli]	① ③	② ④		신성한, 성스러운	① ③	② ④
1870	**homage** [hámiʤ]	① ③	② ④		존경, 충성	① ③	② ④
1871	**home** [houm]	① ③	② ④		가정, 고향, 본국	① ③	② ④
1872	**homeless** [hóumlis]	① ③	② ④		집 없는, 임자 없는	① ③	② ④

✓ STEP 1

1873 ① ② ③

향수병에 걸리는 이유가 뭐야?
홈(home)이 그리워 마음이 식(sick)!

☺ 향수병에 걸린 ⇨ 호움식

1874 ① ② ③

지금의 인류와 **동종**의 모습을 지닌
것이 뭐지?
호모 사피엔스라고 비슷한 모습을
지녔어.

☺ 동종의 ⇨ 호모지-니어스

1875 ① ② ③

경적소리 들리는걸 보니 기차가
가까이 왔나봐?
응, 헝클어진 머리 좀 묶고 탈
준비하자.

☺ 경적소리 ⇨ 허-엉크

1876 ① ② ③

나 그 **명예**스러운 분을 알아
정말? 너도 아나?

☺ 명예 ⇨ 아널

1877 ① ② ③

존경할 만한 분이 누구를 불렀니?
아! 너를 불렀어.

☺ 존경할 만한 ⇨ 아너러벌

1878 ① ② ③

명예의 선물을 어떻게 할까요?
선물을 끌어 안어, 래리(Larry)!

☺ 명예의 ⇨ 아너레리

1879 ① ② ③

저 **갈고리** 손은 누구 손이야?
후크선장 손이야.

☺ 갈고리 ⇨ 훅

1880 ① ② ③

한발로 뛰어다니는 도사가 있다며?
합! 하면서 뛰어다닌데.

☺ 한 발로 뛰다 ⇨ 하프

1881 ① ② ③

수평선 위로 떠오르는 해를 보며
뭐랬어?
허라! 이전에는 캄캄하더니!

☺ 수평선 ⇨ 허라이전

1882 ① ② ③

저 **평평한** 홀에 서 있는 분이 누구죠?
홀에 서 있는 분은 젠틀한 신사예요.
☺ 평평한 ⇨ 호-러잔틀

1883 ① ② ③

임신하면 **호르몬** 주사도 위험해요?
홀몸도 아닌데 항상 조심하고 있어요.
☺ 호르몬 ⇨ 호-러모운

1884 ① ② ③

호른 악기는 무엇이 특징이야?
혼이 담긴 음악을 들을 수 있어.
☺ 호른 ⇨ 호온

1873	향수병에 걸린

① ② ③ ④ ⑤

1874	동종의

① ② ③ ④ ⑤

1875	경적소리

① ② ③ ④ ⑤

1876	명예

① ② ③ ④ ⑤

1877	존경할 만한

① ② ③ ④ ⑤

1878	명예의

① ② ③ ④ ⑤

1879	갈고리

① ② ③ ④ ⑤

1880	한 발로 뛰다

① ② ③ ④ ⑤

1881	수평선

① ② ③ ④ ⑤

1882	평평한

① ② ③ ④ ⑤

1883	호르몬

① ② ③ ④ ⑤

1884	호른

① ② ③ ④ ⑤

1873	homesick [hóumsìk]	① ② ③ ④		향수병에 걸린	① ② ③ ④
1874	homogeneous [hòumədʒí:niəs]	① ② ③ ④		동종의	① ② ③ ④
1875	honk [hɔ:ŋk]	① ② ③ ④		기러기 소리, 경적 소리, 힝 소리	① ② ③ ④
1876	honor [ánər]	① ② ③ ④		명예, 자존심, 경의	① ② ③ ④
1877	honorable [ánərəbl]	① ② ③ ④		존경할 만한, 훌륭한	① ② ③ ④
1878	honorary [ánərèri]	① ② ③ ④		명예의, 명예로서 주어지는	① ② ③ ④
1879	hook [huk]	① ② ③ ④		연결하다, 낚다, 갈고리, 훅	① ② ③ ④
1880	hop [hɑp/hɔp]	① ② ③ ④		한 발로 뛰다, 깡충깡충 뜀	① ② ③ ④
1881	horizon [həráizən]	① ② ③ ④		수평선, 지평선 한계	① ② ③ ④
1882	horizontal [hò:rəzántl]	① ② ③ ④		수평의, 평평한	① ② ③ ④
1883	hormone [hó:rmoun]	① ② ③ ④		호르몬	① ② ③ ④
1884	horn [hɔ:rn]	① ② ③ ④		뿔, 호른(악기)	① ② ③ ④

✓ STEP 1

1885 ① ② ③

공포영화는 소름끼치지?
호러(horror) 영화 때문에 파이도
맛없어 졌어.

☺ 소름끼치게 하다 ➡ 호-러파이

1886 ① ② ③

어제 봤던 **공포** 영화 재밌었어?
호러는 역시 내 취향이 아닌가봐!

☺ 공포 ➡ 호-럴

1887 ① ② ③

병원에 간호사들이 **친절**하던데 무슨
문제야?
하스피틀(hospital)에 불이 났다.

☺ 친절한 ➡ 하스피터블

1888 ① ② ③

하숙집 주인의 **친절**에 거꾸로
보답했다며?
하숙비 없이 호텔로 튀어버렸대.

☺ 친절 ➡ 하스피탤러티

1889 ① ② ③

인질들을 어디로 대피시키죠?
하수구로 튀게 하세요!

☺ 인질 ➡ 하스티쥐

1890 ① ② ③

협상에서 **적대적인** 관계를 어떻게
풀까?
일단, 하수들을 먼저 매수해봐.

☺ 적대적인 ➡ 하스틸

1891 ① ② ③

뜨거운 물을 맛 볼 때 뭐라고 말해?
핫! 뜨거워!

☺ 뜨거운 ➡ 할

1892 ① ② ③

모래시계의 시간은 얼마나 걸릴까?
아우(hour)~ 글쎄(glass)~ 모르겠네~

☺ 모래시계 ➡ 아월글레스

1893 ① ② ③

왜 **한 시간 마다** 한 번씩 월리를
불러요?
아! 월 리가 집에 있는지 보려고.

☺ 한 시간 마다 ➡ 아월리

1894 ① ② ③

왕실 내부는 어떤 모습일까?
하우스도 홀도 아주 멋져.

☺ 왕실 ➡ 하우스호올드

1895 ① ② ③

하늘에 맴도는 게 뭐야?
하늘에 맴도는 건 별이야.

☺ 하늘에 맴도는 ➡ 허벌

1896 ① ② ③

늑대는 어떻게 **울부짖어**?
아울! 하고 울부짖어.

☺ 울부짖다 ➡ 하울

1885 소름끼치게 하다	1886 공포	1887 친절한

① ② ③ ④ ⑤	① ② ③ ④ ⑤	① ② ③ ④ ⑤

1888 친절	1889 인질	1890 적대적인

① ② ③ ④ ⑤	① ② ③ ④ ⑤	① ② ③ ④ ⑤

1891 뜨거운	1892 모래시계	1893 한 시간 마다

① ② ③ ④ ⑤	① ② ③ ④ ⑤	① ② ③ ④ ⑤

1894 왕실	1895 하늘에 맴도는	1896 울부짖다

① ② ③ ④ ⑤	① ② ③ ④ ⑤	① ② ③ ④ ⑤

		①	②			①	②
1885	**horrify** [hɔ́:rəfài]	③	④		소름끼치게 하다	③	④
1886	**horror** [hɔ́:rər]	① ③	② ④		공포 혐오	① ③	② ④
1887	**hospitable** [háspitəbl]	① ③	② ④		(손님·방문객을) 환대하는, 친절한	① ③	② ④
1888	**hospitality** [hàspitǽləti]	① ③	② ④		환대, 후한 대접, 친절	① ③	② ④
1889	**hostage** [hástiʤ]	① ③	② ④		볼모(로 주다), 인질	① ③	② ④
1890	**hostile** [hástil]	① ③	② ④		적대적인, 적의를 품은	① ③	② ④
1891	**hot** [hɑt]	① ③	② ④		뜨거운, 격렬한	① ③	② ④
1892	**hourglass** [áuərglæ̀s]	① ③	② ④		모래(물)시계	① ③	② ④
1893	**hourly** [áuərli]	① ③	② ④		한 시간 마다의	① ③	② ④
1894	**household** [haushòuld]	① ③	② ④		가족, 세대, 한 집안, 왕실	① ③	② ④
1895	**hover** [hʌ́vər]	① ③	② ④		(곤충·새·헬리콥터 따위가) 하늘을 떠다니다, 비상하다, 맴돌다.	① ③	② ④
1896	**howl** [haul]	① ③	② ④		짖다, 윙윙거리다	① ③	② ④

✓ STEP 1

1897 ① ② ③	1898 ① ② ③	1899 ① ② ③
활동의 중심지를 뭐라고 해? 허브라고 해.	여자를 너무 세게 **포옹**하면 여자는 어떻게 놀랄까? 여자는 **헉!** 하고 놀라요.	저기 **거대한** 게 뭐야? 그건 휴지를 쌓아 놓은 거야.
☺ 활동의 중심지 ⇨ 허브	☺ 포옹하다 ⇨ 헉	☺ 거대한 ⇨ 휴-쥐

1900 ① ② ③	1901 ① ② ③	1902 ① ② ③
콧노래를 부를 때 어떻게 불러? 힘! 힘! 하면서 불러.	**인간다운** 삶이 뭔지 말할 수 있나요? 휴- 한숨만 나와요.	그 사람 **인간성**은 어때요? 휴- 말도마세요 매너가 티끌만큼도 없어요
☺ 콧노래를 부르다 ⇨ 험	☺ 인간다운 ⇨ 휴-먼	☺ 인간성 ⇨ 휴-매너티

1903 ① ② ③	1904 ① ② ③	1905 ① ② ③
왜 **초라한** 백열등을 켜고 있니? 우리 집은 헌 불(백열등)밖에 없어서 그래.	**습기 있는** 사우나는 어디가 제일 답답하니? 휴! 미드(mid)에 있으면 답답해.	**습도**가 높아도 어떻게 해야 해요? 흐미~ 더워도 티내지 말고 참아야 해요.
☺ 초라한 ⇨ 험벌	☺ 습기 있는 ⇨ 휴-미드	☺ 습도 ⇨ 휴-미더티

1906 ① ② ③	1907 ① ② ③	1908 ① ② ③
자네 또 지각해서 날 **욕보이게** 할 텐가? 휴! 차가 밀리는 바람에 에잇(8)분이나 늦어서 죄송합니다.	**휴머러스**를 어떻게 발음해야 할까요? 그냥 유머러스라고 하면 다 웃어요.	**둥근 언덕**에서 어떻게 굴렀니? 험하게 굴렀어.
☺ 욕보이다 ⇨ 휴-밀리에이트	☺ 휴(유)머러스 ⇨ 유-머러스	☺ 둥근 언덕 ⇨ 험프

1897 활동의 중심지	1898 포옹하다	1899 거대한
  ① ② ③ ④ ⑤	 ① ② ③ ④ ⑤	 ① ② ③ ④ ⑤
1900 콧노래를 부르다	1901 인간다운	1902 인간성
 ① ② ③ ④ ⑤	 ① ② ③ ④ ⑤	 ① ② ③ ④ ⑤
1903 초라한	1904 습기 있는	1905 습도
 ① ② ③ ④ ⑤	 ① ② ③ ④ ⑤	 ① ② ③ ④ ⑤
1906 욕보이다	1907 유머러스	1908 둥근 언덕
 ① ② ③ ④ ⑤	 ① ② ③ ④ ⑤	 ① ② ③ ④ ⑤

1897	hub [hʌb]	①	②		(특정 장소 · 활동의) 중심지, 중추, (바퀴의) 중심	①	②
		③	④			③	④
1898	hug [hʌg]	①	②		꼭 껴안다, 포옹(하다)	①	②
		③	④			③	④
1899	huge [hju:dʒ]	①	②		거대한, 엄청난	①	②
		③	④			③	④
1900	hum [hʌm]	①	②		윙윙거리다, 콧노래를 부르다	①	②
		③	④			③	④
1901	human [hjú:mən]	①	②		인간의 인간다운	①	②
		③	④			③	④
1902	humanity [hju:mǽnəti]	①	②		인류, 인간성	①	②
		③	④			③	④
1903	humble [hʌ́mbl]	①	②		초라한, 비천한 겸손한	①	②
		③	④			③	④
1904	humid [hjúmid]	①	②		습기 있는	①	②
		③	④			③	④
1905	humidity [hu:mídəti]	①	②		습기, 습도	①	②
		③	④			③	④
1906	humiliate [hju:mílièit다.]	①	②		욕보이다, 창피 주다, 굴욕을 주다, 굴복시키다.	①	②
		③	④			③	④
1907	humorous [hjù:mərəs]	①	②		유머러스한, 익살스러운	①	②
		③	④			③	④
1908	hump [hʌmp]	①	②		(등허리) 군살, (낙타 따위의) 혹, 둥근 언덕, (항공) 산, 산맥.	①	②
		③	④			③	④

139

✓ STEP 1

1909 ① ② ③

공을 **세게 던지려면** 어떻게 던지면 돼?
힐! 그냥 던지면 돼.
☺ 세게 던지다 ⇨ 허-얼

1910 ① ② ③

무거운 것 들고 **서둘러** 가서 어디를 다쳤니?
허리를 다쳤어.
☺ 서두르다 ⇨ 허-리

1911 ① ② ③

누가 애들을 **조용하게 했니?**
허쉬가 조용하게 했어요.
☺ 조용하게 하다 ⇨ 허쉬

1912 ① ② ③

오두막을 없애고 뭘 만들고 있니?
헛간을 만들고 있어.
☺ 오두막 ⇨ 헛

1913 ① ② ③

석유와 전기를 **혼성**으로 사용하는
차를 뭐라고 하니?
하이브리드차라고 해.
☺ 혼성 ⇨ 하이브리드

1914 ① ② ③

액체 **수소**를 어떻게 증발 시켜?
햇볕에 병을 하이(high)들어 증발
시켜.
☺ 수소 ⇨ 하이드러전

1915 ① ② ③

화장실은 **위생**적으로 청소해?
말도 마! 너무 하이(high)신경 썼더니
진이 다 빠졌어.
☺ 위생 ⇨ 하이쥔

1916 ① ② ③

찬송가를 부를 때 뭐가 생겨?
사랑의 힘이 생겨.
☺ 찬송가 ⇨ 힘

1917 ① ② ③

극초음속의 여객기가 도착하자 뭐래?
하이(high) 목소리로 도착이 **벌써니?**
☺ 극초음속의 ⇨ 하이펄써닉

1918 ① ② ③

위선을 한마디로 말하면?
히! 밖으로 씨익 웃으면서 속으론
욕하는 것이야.
☺ 위선 ⇨ 히파크러시

1919 ① ② ③

내가 **가설**로 말하는 걸 누가 봤어?
하이! 봤어, 시스터(sister)가.
☺ 가설 ⇨ 하이파써시스

1920 ① ② ③

빙산에 컴퓨터를 가져갈 수 있어?
아이스(ice)때문에 버그(bug, 기계의
결함)가 생겨.
☺ 빙산 ⇨ 아이스벌-그

1909 세게 던지다	1910 서두르다	1911 조용하게 하다

① ② ③ ④ ⑤	① ② ③ ④ ⑤	① ② ③ ④ ⑤

1912 오두막	1913 혼성	1914 수소

① ② ③ ④ ⑤	① ② ③ ④ ⑤	① ② ③ ④ ⑤

1915 위생	1916 찬송가	1917 극초음속의

① ② ③ ④ ⑤	① ② ③ ④ ⑤	① ② ③ ④ ⑤

1918 위선	1919 가설	1920 빙산

① ② ③ ④ ⑤	① ② ③ ④ ⑤	① ② ③ ④ ⑤

1909	**hurl** [həːrl]	① ② ③ ④		세게 던지다, 내던지다	① ② ③ ④
1910	**hurry** [hə́ːri,hʌ́ri]	① ② ③ ④		서두르다, 서둘러 가다	① ② ③ ④
1911	**hush** [hʌʃ]	① ② ③ ④		쉿(조용히 하라는 신호), 침묵, 조용하게 하다	① ② ③ ④
1912	**hut** [hʌt]	① ② ③ ④		오두막	① ② ③ ④
1913	**hybrid** [háibrid]	① ② ③ ④		잡종, 혼혈(의), (전자) 하이브리드의, 혼성의	① ② ③ ④
1914	**hydrogen** [háidrədʒən]	① ② ③ ④		수소	① ② ③ ④
1915	**hygiene** [haidʒiːn]	① ② ③ ④		위생, 위생학	① ② ③ ④
1916	**hymn** [him]	① ② ③ ④		찬송가, 성가	① ② ③ ④
1917	**hypersonic** [hàipərsánik]	① ② ③ ④		극초음속의	① ② ③ ④
1918	**hypocrisy** [hipákrəsi]	① ② ③ ④		위선	① ② ③ ④
1919	**hypothesis** [haipáθəsis]	① ② ③ ④		가설, 가정, 전제, 단순한 추측, 억측	① ② ③ ④
1920	**iceberg** [aisbəːrg]	① ② ③ ④		빙산	① ② ③ ④

✓ STEP 1

1921 ① ② ③

이상적인 생각을 왜 해?
이상적인 **아이디어**를 내면 돈을 많이
벌 수 있어서.
☺ 이상적인 ⇨ 아이디-얼

1922 ① ② ③

이상주의자인 그가 계속 하는 말은?
아이디어 없니 좀?
☺ 이상주의 ⇨ 아이디-얼리점

1923 ① ② ③

이거 피부와 **똑같은** 컬러의 연고야?
아이고! 덴 곳이 티가 나! 피부 컬러와
다르네!
☺ 똑같은 ⇨ 아이덴티컬

1924 ① ② ③

아이가 덴 것이 무엇 때문인지
확인했니?
아이가 덴 것은 파이 때문이야.
☺ 확인하다 ⇨ 아이덴터파이

1925 ① ② ③

주인공 **신원**을 확인하기 힘든 영화
이름이 뭐였지?
아이덴티티!
☺ 신원 ⇨ 아이덴터티

1926 ① ② ③

이 **숙어**를 어떻게 외워야 하나요?
이 숙어는 띄엄띄엄 이라도 꼭 외워!
☺ 숙어 ⇨ 이디엄

1927 ① ② ③

바보가 불에 디이고 어떻게 웃고 있니?
이! 디었다! 하고 웃고 있어.
☺ 바보 ⇨ 이디어트

1928 ① ② ③

한가한 애들은 뭐하고 있니?
한가한 아이들은 텔레비전 보고 있어.
☺ 한가한 ⇨ 아이들

1929 ① ② ③

요즘 아이들의 **우상**은 누구야?
아이돌 스타들이야.
☺ 우상 ⇨ 아이들

1930 ① ② ③

왕은 **우상시하는** 아이를 어떻게
하라고 일렀지?
그 아이를 들라고 이르렀지.
☺ 우상시하다 ⇨ 아이덜라이즈

1931 ① ② ③

걔는 사람을 **무시할 때** 뭐라고 해?
이그, 너 모르지?
☺ 무시하다 ⇨ 이그놀-

1932 ① ② ③

여기는 **문맹의** 사람들이 있니?
병의 **1리터**를 못 읽는 사람들도
여럿이 있어.
☺ 문맹의 ⇨ 일리터럴

1921 이상적인	1922 이상주의	1923 똑같은

① ② ③ ④ ⑤	① ② ③ ④ ⑤	① ② ③ ④ ⑤

1924 확인하다	1925 신원	1926 숙어

① ② ③ ④ ⑤	① ② ③ ④ ⑤	① ② ③ ④ ⑤

1927 바보	1928 한가한	1929 우상

① ② ③ ④ ⑤	① ② ③ ④ ⑤	① ② ③ ④ ⑤

1930 우상시하다	1931 무시하다	1932 문맹의
① ② ③ ④ ⑤	① ② ③ ④ ⑤	① ② ③ ④ ⑤

1921	**ideal** [aidíːəl]	① ② ③ ④		이상적인, 가장 알맞은, 완벽한, 이상(의), 관념적인	① ② ③ ④
1922	**idealism** [aidíːəlìzəm]	① ② ③ ④		이상주의, 관념론	① ② ③ ④
1923	**identical** [aidéntikəl]	① ② ③ ④		동일한, 똑같은	① ② ③ ④
1924	**identify** [aidéntəfài]	① ② ③ ④		확인하다, 동일시하다	① ② ③ ④
1925	**identity** [aidéntəti]	① ② ③ ④		동일성 정체, 신원	① ② ③ ④
1926	**idiom** [ídiəm]	① ② ③ ④		숙어, 관용구	① ② ③ ④
1927	**idiot** [ídiət]	① ② ③ ④		천치, 바보	① ② ③ ④
1928	**idle** [áidl]	① ② ③ ④		태만한, 한가한, 무익한	① ② ③ ④
1929	**idol** [áidl]	① ② ③ ④		우상, 신상	① ② ③ ④
1930	**idolize** [áidəlàiz]	① ② ③ ④		우상시하다	① ② ③ ④
1931	**ignore** [ignɔ́ːr]	① ② ③ ④		무시하다, 묵살하다	① ② ③ ④
1932	**illiterate** [ilítərət]	① ② ③ ④		무식한, 문맹의	① ② ③ ④

145

✓ STEP 1

1933 ① ② ③

버릇없는 사람은 일 할 때는 어때?
일할 때도 매너두 없어.
☺ 버릇없는 ⇨ 일매널드

1934 ① ② ③

왜 **병**에 걸렸니?
병을 일으키는 니스가 몸에 묻어서 그래.
☺ 병 ⇨ 일니스

1935 ① ② ③

어디서 **해명하면** 돼?
자- 일루와서 네이트온으로 하면 돼.
☺ 해명하다 ⇨ 일루-머네이트

1936 ① ② ③

사막에 보이는 저 오아시스는
환상이야?
아마도 일루전일거야.
☺ 환상 ⇨ 일루-전

1937 ① ② ③

삽화를 넣은 그 사람은 직업이
뭐였니?
일러 스트레이트야.
☺ 삽화를 넣다 ⇨ 일러스트레이트

1938 ① ② ③

삽화 그리다가 왜 그러고 있니?
삽화 일로 스트레스를 받아서 좀 쉬고
있어.
☺ 삽화 ⇨ 일러스트레이션

1939 ① ② ③

그림에 네가 **상상할 수 있는** 이미지를
넣어봐?
알았어, 이미지를 넣어 볼게.
☺ 상상할 수 있는 ⇨ 이매져네블

1940 ① ② ③

내가 **가상의** 생각으로 나를 때린 걸
맞춰봐?
이 매지? 너를 때린 게?
☺ 가상의 ⇨ 이매져너리

1941 ① ② ③

상상력이 풍부한 아이들은 아이디어를
어디서 얻지?
이미지가 나오는 **TV**에서 얻어.
☺ 상상력이 풍부한 ⇨
이매져너티브

1942 ① ② ③

가방을 어떤 걸로 살까 **상상해** 봤니?
이미진 그려봤는데 결정은 못했어.
☺ 상상하다 ⇨ 이매줜

1943 ① ② ③

명품을 **모방한** 가방들은 어디에 있어?
이 밑에 있어.
☺ 모방하다 ⇨ 이미테이트

1944 ① ② ③

홍길동이 **직접** 그 곳으로 간 거야?
응, 아마 이미 적 뒤에 있다가 혼내
줬을 거야.
☺ 직접의 ⇨ 이미-디에이트

1933 버릇없는	1934 병	1935 해명하다

① ② ③ ④ ⑤	① ② ③ ④ ⑤	① ② ③ ④ ⑤

1936 환상	1937 삽화를 넣다	1938 삽화

① ② ③ ④ ⑤	① ② ③ ④ ⑤	① ② ③ ④ ⑤

1939 상상할 수 있는	1940 가상의	1941 상상력이 풍부한

① ② ③ ④ ⑤	① ② ③ ④ ⑤	① ② ③ ④ ⑤

1942 상상하다	1943 모방하다	1944 직접의

① ② ③ ④ ⑤	① ② ③ ④ ⑤	① ② ③ ④ ⑤

1933	ill-mannered [ilmǽnəːrd]	① ② ③ ④		버릇없는	① ② ③ ④
1934	illness [ílnis]	① ② ③ ④		병, 발병	① ② ③ ④
1935	illuminate [ilúːmineit]	① ② ③ ④		조명하다 해명하다	① ② ③ ④
1936	illusion [ilúːʒən]	① ② ③ ④		환상, 착각	① ② ③ ④
1937	illustrate [íləstrèit]	① ② ③ ④		삽화를 넣다, 예를 들어 설명하다	① ② ③ ④
1938	illustration [ìləstréiʃən]	① ② ③ ④		삽화, 실례	① ② ③ ④
1939	imaginable [imǽdʒinəbl]	① ② ③ ④		상상할 수 있는	① ② ③ ④
1940	imaginary [imǽdʒinəri]	① ② ③ ④		상상에만 존재하는, 가상적인, 가상의	① ② ③ ④
1941	imaginative [imǽdʒinətiv]	① ② ③ ④		상상력이 풍부한	① ② ③ ④
1942	imagine [imǽdʒin]	① ② ③ ④		상상하다, 추측하다	① ② ③ ④
1943	imitate [ímitèit]	① ② ③ ④		모방하다, 흉내 내다	① ② ③ ④
1944	immediate [imíːdiit]	① ② ③ ④		직접의, 즉시의	① ② ③ ④

✓ STEP 1

1945 ① ② ③

범인을 **즉시** 잡아야 해?
이미 니 뒤에! 범인소리가 들리잖아. 잡아!
☺ 즉시 ⇨ 이미-디이틀리

1946 ① ② ③

나이가 먹을수록 **옛적의** 생각을 잊지?
이 메모리여- 용량이 딸려서 그래.
☺ 옛적의 ⇨ 이메모-리얼

1947 ① ② ③

나이가 먹을수록 거대한
거대한 스타 동상이 다른 데 있니?
이 맨큼 큰 스타 동상은 여기밖에 없어.
☺ 거대한 ⇨ 이멘스

1948 ① ② ③

이민가면 시민권 따기가 쉽니?
예전부터 이미 그런 듯 쉽지 않아.
☺ 이민 ⇨ 이미그런트

1949 ① ② ③

긴급한데 뭐 해?
도와주지도 않고 이미 넌 틀렸어!
라고 비웃고 있네.
☺ 긴급한 ⇨ 이머넌트

1950 ① ② ③

사악한 누구를 피해 도망쳤니?
사악한 이모를 피해 도망쳤어.
☺ 사악한 ⇨ 이모-럴

1951 ① ② ③

시동이 **죽지 않는** 모터가 어떤 게
있을까요?
이 모터를 사용해 보세요!
☺ 죽지 않는 ⇨ 이모-틀

1952 ① ② ③

병에 **면역성이 있는** 사람은 어떤
문으로 나가요?
이 문을 통해 나가면 되요.
☺ 면역성의 ⇨ 이뮤-은

1953 ① ② ③

그녀의 춤은 **충격**적이네?
응, 확실히 임팩트가 있었어!
☺ 충격 ⇨ 임팩트

1954 ① ② ③

너 왜 무릎을 **손상시킨** 거야?
임씨랑 페어스케이팅을 타다가
다쳤어.
☺ 손상시키다 ⇨ 임페어

1955 ① ② ③

저 남자가 **주는** 게 뭐야?
임대 아파트 분양권 이래!
☺ 주다 ⇨ 임팔-트

1956 ① ② ③

저 사람은 왜 너를 **재촉하지**?
임진강에서 코펠로 밥 해달라고
재촉하네.
☺ 재촉하다 ⇨ 임펠

1945 즉시	1946 옛적의	1947 거대한

① ② ③ ④ ⑤	① ② ③ ④ ⑤	① ② ③ ④ ⑤

1948 이민	1949 긴급한	1950 사악한

① ② ③ ④ ⑤	① ② ③ ④ ⑤	① ② ③ ④ ⑤

1951 죽지 않는	1952 면역성의	1953 충격

① ② ③ ④ ⑤	① ② ③ ④ ⑤	① ② ③ ④ ⑤

1954 손상시키다	1955 주다	1956 재촉하다

① ② ③ ④ ⑤	① ② ③ ④ ⑤	① ② ③ ④ ⑤

1945	**immediately** [imí:diətli]	①	②		즉시, 직접	①	②
		③	④			③	④
1946	**immemorial** [imǝmɔ́:riəl]	①	②		기억에 남지 않은, 옛적의	①	②
		③	④			③	④
1947	**immense** [iméns]	①	②		거대한, 막대한, 훌륭한	①	②
		③	④			③	④
1948	**immigrant** [imigrǝnt]	①	②		이주자, 이민	①	②
		③	④			③	④
1949	**imminent** [imǝnǝnt]	①	②		절박한, 긴급한	①	②
		③	④			③	④
1950	**immoral** [imɔ́(:)rǝl]	①	②		부도덕한, 사악한	①	②
		③	④			③	④
1951	**immortal** [imɔ́:rtl]	①	②		죽지 않는, 불후의	①	②
		③	④			③	④
1952	**immune** [imjú:n]	①	②		면역성의, 면제의, 면제자	①	②
		③	④			③	④
1953	**impact** [ímpækt]	①	②		충돌, 충격, 영향	①	②
		③	④			③	④
1954	**impair** [impέər]	①	②		손상[악화]시키다, 해치다	①	②
		③	④			③	④
1955	**impart** [impá:rt]	①	②		주다, 전하다	①	②
		③	④			③	④
1956	**impel** [impél]	①	②		재촉하다, 추진시키다	①	②
		③	④			③	④

✓ STEP 1

1957 ① ② ③

보스의 **피할 수 없는** 명령에서 뭐가
TV에 나왔어?
임씨를 패러 간 장면이 TV에 나왔어.
☺ 피할 수 없는 ⇨ 임패러티브

1958 ① ② ③

황제들은 보통 어떤 술을 마시니?
황제답게 임페리얼을 마시지!
☺ 황제의 ⇨ 임피어리얼

1959 ① ② ③

제국주의 권력자들은 주로 어떤 술을
마실까?
주로 임페리얼을 좀 마셔.
☺ 제국주의 ⇨ 임피어리얼리점

1960 ① ② ③

저의 **무례한** 행동이 무엇인가요?
임의대로 옷을 펼쳐 더러운 티와 함께
세탁기에 넣다니!
☺ 무례한 ⇨ 임펄-티넌트

1961 ① ② ③

잇몸 뼈에 **심은** 이를 뭐라고 하지?
임플란트라고 불러.
☺ 심다 ⇨ 임플랜트

1962 ① ② ③

이 **도구**로도 나사가 안 풀리면
어떡해?
안 풀려지면 다른 도구를 사용해봐.
☺ 도구 ⇨ 임플러먼트

1963 ① ② ③

그걸 **암시하기 위해서** 어떻게 하면
돼요?
임(님)이 플라이(fly) 시늉을 해.
☺ 암시하다 ⇨ 임플라이

1964 ① ② ③

무례한 사람이 어디 있니?
임진강 근처의 '펄'나이트 에 있어.
☺ 무례한 ⇨ 임펄라이트

1965 ① ② ③

수입한 게 뭐야?
임시로 사용할 수 있는
커피포트(coffee pot)야.
☺ 수입하다 ⇨ 임폴-트

1966 ① ② ③

임씨에게 뭘 **강요하는** 거야?
임씨에게 멋있는 포즈 취하라고.
☺ 강요하다 ⇨ 임포우즈

1967 ① ② ③

어쩌다가 그렇게 **가난하게** 됐어?
임파선 암에 걸려 버리니 병원비
때문에 쉬이 어려워졌어.
☺ 가난하다 ⇨ 임파버리쉬

1968 ① ② ③

임씨가 어디서 너에게 **감명을 줬어?**
임씨가 풀(pool)에서 감명을 줬어.
☺ 감명을 주다 ⇨ 임프레스

1957 피할 수 없는	1958 황제의	1959 제국주의

① ② ③ ④ ⑤	① ② ③ ④ ⑤	① ② ③ ④ ⑤

1960 무례한	1961 심다	1962 도구

① ② ③ ④ ⑤	① ② ③ ④ ⑤	① ② ③ ④ ⑤

1963 암시하다	1964 무례한	1965 수입하다

① ② ③ ④ ⑤	① ② ③ ④ ⑤	① ② ③ ④ ⑤

1966 강요하다	1967 가난하다	1968 감명을 주다

① ② ③ ④ ⑤	① ② ③ ④ ⑤	① ② ③ ④ ⑤

		①	②			①	②
1957	**imperative** [impérətiv]	③	④		명령적인, 피할 수 없는, 절박한	③	④
1958	**imperial** [impíəriəl]	①	②		제국의, 황제의	①	②
		③	④			③	④
1959	**imperialism** [impíəriəlizəm]	①	②		제국주의	①	②
		③	④			③	④
1960	**impertinent** [impá:rtinənt]	①	②		뻔뻔스런, 무례한, 관계없는	①	②
		③	④			③	④
1961	**implant** [implǽnt,-plá:n]	①	②		심다(끼우다, 이식하다), 착상하다, 새기다	①	②
		③	④			③	④
1962	**implement** [impləmənt]	①	②		도구, 용구, 수단	①	②
		③	④			③	④
1963	**imply** [implái]	①	②		함축하다, 암시하다, 의미하다	①	②
		③	④			③	④
1964	**impolite** [ìmpəláit]	①	②		무례한, 실례되는	①	②
		③	④			③	④
1965	**import** [impó:rt]	①	②		수입하다, ~의 뜻을 내포하다	①	②
		③	④			③	④
1966	**impose** [impóuz]	①	②		부과하다 강요하다	①	②
		③	④			③	④
1967	**impoverish** [impávəriʃ]	①	②		가난하게 하다, 무력하게 만들다	①	②
		③	④			③	④
1968	**impress** [imprés]	①	②		~에게 감명을 주다, 깊은 인상을 주다.	①	②
		③	④			③	④

✓ STEP 1

1969 ① ② ③

민감한 옷을 어디 넣어 빨면 되지?
임시로 풀에 서너 벌 넣어서 빨면 돼.
☺ 민감한 ⇨ 임프레셔너블

1970 ① ② ③

너 누구에게 **감명 깊은** 시를 들었니?
임씨가 풀에 앉아 시를 읊어줬어.
☺ 감명 깊은 ⇨ 임프레시브

1971 ① ② ③

임씨를 어디에 **투옥하면** 되나요?
임씨를 프리즌(prison)에 투옥하면 돼요.
☺ 투옥하다 ⇨ 임프리즌

1972 ① ② ③

임씨가 **수용** 된 곳은 어디야?
임씨는 풀이 많은 저 먼 곳에 수용 돼
있어.
☺ 수용 ⇨ 임프리전먼트

1973 ① ② ③

이번에 무엇을 **개선했나요?**
임시로 썼던 프로야구장을
개선했어요.
☺ 개선하다 ⇨ 임프루-브

1974 ① ② ③

즉흥으로 연주할 때, 어떻게 해야
실력이 느니?
일부러 악보를 안 봐야 실력이 늘어.
☺ 즉흥으로 하다 ⇨ 임프러바이즈

1975 ① ② ③

뻔뻔스런 녀석이 뭘 던졌어?
이 풀을 던졌어.
☺ 뻔뻔스런 ⇨ 임퓨던트

1976 ① ② ③

충동적인 행동은 안 돼?
임씨에게 충동적으로 팔을 쑥 뻗은 게
잘못이지.
☺ 충동 ⇨ 임펄스

1977 ① ② ③

선천적인 성격을 뭐라고도 하지?
인간의 본성이라고도 해.
☺ 선천적인 ⇨ 인본-

1978 ① ② ③

성과에 따라 급여를 주어 동기를
격려하는 제도가 뭐야?
인센티브제도야.
☺ 격려하는 ⇨ 인센티브

1979 ① ② ③

새순들은 **끊임없이** 자라고 있지?
인제 새순도 더 많이 나고 쑥쑥 자랄
거야.
☺ 끊임없는 ⇨ 인세선트

1980 ① ② ③

인씨는 **사건** 이후에 어딨어?
임씨는 치통으로 덴티스트(치과)에
갔어.
☺ 사건 ⇨ 인서던트

1969 민감한	1970 감명 깊은	1971 투옥하다
① ② ③ ④ ⑤	① ② ③ ④ ⑤	① ② ③ ④ ⑤

1972 수용	1973 개선하다	1974 즉흥으로 하다
① ② ③ ④ ⑤	① ② ③ ④ ⑤	① ② ③ ④ ⑤

1975 뻔뻔스런	1976 충동	1977 선천적인
① ② ③ ④ ⑤	① ② ③ ④ ⑤	① ② ③ ④ ⑤

1978 격려하는	1979 끊임없는	1980 사건
① ② ③ ④ ⑤	① ② ③ ④ ⑤	① ② ③ ④ ⑤

번호	단어	①	②	③	④	그림	뜻	①	②	③	④
1969	**impressionable** [impréʃənəbəl]	①	②	③	④		민감한, 감수성이 예민한	①	②	③	④
1970	**impressive** [imprésiv]	①	②	③	④		감명 깊은	①	②	③	④
1971	**imprison** [imprízən]	①	②	③	④		투옥하다, 감금하다	①	②	③	④
1972	**imprisonment** [imprízənmənt]	①	②	③	④		감금, 수용	①	②	③	④
1973	**improve** [imprú:v]	①	②	③	④		개선되다, 나아지다, 향상시키다, 좋아지다	①	②	③	④
1974	**improvise** [imprəvàiz]	①	②	③	④		즉석에서(즉흥으로) 하다	①	②	③	④
1975	**impudent** [ímpjudənt]	①	②	③	④		뻔뻔스런, 건방진	①	②	③	④
1976	**impulse** [impʌls]	①	②	③	④		추진(력), 충동	①	②	③	④
1977	**inborn** [inbɔ́:rn]	①	②	③	④		타고난, 선천적인	①	②	③	④
1978	**incentive** [inséntiv]	①	②	③	④		자극(적인), 유발, 격려(하는)	①	②	③	④
1979	**incessant** [insésənt]	①	②	③	④		끊임없는	①	②	③	④
1980	**incident** [insidənt]	①	②	③	④		사건, 일어나기 쉬운	①	②	③	④

✓ STEP 1

1981　① ② ③

저 분은 어떤 **성향**?
겉으론 좋아해도 인(in)으로는 사람을
끌어 내리셔!

☺ 성향 ⇨ 인클러네이션

1982　① ② ③

한국에서 캘빈클라인이 **기우는**
추세인가?
인제 캘빈클라인 시대는 갔지!

☺ 기울이다 ⇨ 인클라인

1983　① ② ③

인두를 가지고 놀고 **싶어 하는**
아기에게?
잉! 클나!(큰일 나), 인두야!

☺ 하고 싶어 하다 ⇨ 인클라인드

1984　① ② ③

모든 세대의 팬을 **포함시킨** 배우는 누구야?
매력적인 장클로드반담(영화배우)이야.

☺ 포함시키다 ⇨ 인클루-드

1985　① ② ③

소득이 생기면 어디로 가야할까?
집 인(in), 안으로 컴(come), 들어와야 해.

☺ 소득 ⇨ 인컴

1986　① ② ③

코딱지 파서 모래랑 **섞으니** 뭐라고 했어?
집 인(in), 안에서 코 파레이!

☺ 섞다 ⇨ 인코-퍼레이트

1987　① ② ③

역 안에 뭐가 있어서 사람들이
증가하니?
역 인(in), 안의 크리스마스트리!

☺ 증가하다 ⇨ 인크리-스

1988　① ② ③

믿을 수 없는 능력을 가진 가족
이야기를 다룬 영화 제목은?
인크레더블!

☺ 믿을 수 없는 ⇨ 인크레더블

1989　① ② ③

회사 **증대**에 누가 기여를 했니?
연예인 지원자를 끌어 모은
엔터테인먼트!

☺ 증대 ⇨ 인크러먼트

1990　① ② ③

빚지고 있는 금액이 얼마야?
빚이 일억인데다 티도 살 돈 없어.

☺ 빚지고 있는 ⇨ 인데티드

1991　① ② ③

독립에 관한 내용을 다룬 영화
제목은?
인디펜던스데이!

☺ 독립 ⇨ 인디펜던스

1992　① ② ③

독립한 가수가 공연한 공연 제목은?
인디펜던트.

☺ 독립한 ⇨ 인디펜던트

1981	성향

① ② ③ ④ ⑤

1982	기울이다

① ② ③ ④ ⑤

1983	하고 싶어 하다

① ② ③ ④ ⑤

1984	포함시키다

① ② ③ ④ ⑤

1985	소득

① ② ③ ④ ⑤

1986	섞다

① ② ③ ④ ⑤

1987	증가하다

① ② ③ ④ ⑤

1988	믿을 수 없는

① ② ③ ④ ⑤

1989	증대

① ② ③ ④ ⑤

1990	빚지고 있는

① ② ③ ④ ⑤

1991	독립

① ② ③ ④ ⑤

1992	독립한

① ② ③ ④ ⑤

1981	inclination [ìnklənéiʃən]	①	②		기울기, 기욺, (고개를) 숙임, 끄떡임, 인사, 경사, 경향, 성향, 체질.	①	②
		③	④			③	④
1982	incline [inkláin]	①	②		기울이다, 경사지게 하다, 기울다, 기울어 지다, 마음이 기울다 [내키다], 경사(면), 사면, 비탈, 급경사	①	②
		③	④			③	④
1983	inclined [inkláind]	①	②		-의 경향이 있는, 하고 싶어 하는	①	②
		③	④			③	④
1984	include [inklú:d]	①	②		포함하다, 포함시키다, 넣다, 셈에 넣다	①	②
		③	④			③	④
1985	income [ínkʌm]	①	②		수입, 소득	①	②
		③	④			③	④
1986	incorporate [inkɔ́:rpərèit]	①	②		합동시키다, 섞다, 법인으로 만들다	①	②
		③	④			③	④
1987	increase [inkrí:s]	①	②		늘리다, 증가하다, 증가	①	②
		③	④			③	④
1988	incredible [inkrédəbəl]	①	②		믿을 수 없는, 거짓말 같은	①	②
		③	④			③	④
1989	increment [ínkrəmənt]	①	②		증대, 증진, 증식, 증강, 증액, 이익, 이득증대	①	②
		③	④			③	④
1990	indebted [indétid]	①	②		빚지고 있는, 은혜를 입고 있는	①	②
		③	④			③	④
1991	independence [ìndipéndəns]	①	②		독립, 자립정신	①	②
		③	④			③	④
1992	independent [índipéndənt]	①	②		독립한, 별개의	①	②
		③	④			③	④

✓ STEP 1

 1993 ① ② ③

도서관에서 색인을 **찾아보기**를 한다고 하니?
책 인(in)을 본다고 떼쓰고 있어.

☺ 찾아보기 ⇨ 인덱스

 1994 ① ② ③

상관을 **지적한** 사람이 뭐를 지적했니?
인간의 뒤를 캤다고 지적했어.

☺ 지적하다 ⇨ 인디케이트

 1995 ① ② ③

대수롭지 않은 가방이 뭐야?
인(in)과 밖이 디퍼런트(different).

☺ 대수롭지 않은 ⇨ 인디퍼런트

1996 ① ② ③

너의 **분개**는 왜 그래?
인간이 잘 밀어준 뒤에 그네에서 손을
놔서 다쳤어.

☺ 분개 ⇨ 인디그네이션

1997 ① ② ③

인디밴드에게 **없어선 안 될** 이벤트?
인디밴드는 팬이 서서 같이 불러줘.

☺ 없어선 안 될 ⇨ 인디스펜서블

1998 ① ② ③

각각의 멤버들 비주얼은 어때?
인제 멤버들 비주얼은 최고야.

☺ 각각의 ⇨ 인더비쥬얼

1999 ① ② ③

개인주의인 인도사람은 뭘 좋아해?
인도사람은 비교적 쥬얼리를 많이 해.

☺ 개인주의 ⇨ 인더비쥬얼리즘

2000 ① ② ③

개성 있는 애들은 뭘 좋아해?
인도의 비즈(구슬) 장신구를 애들이
특히 좋아해.

☺ 개성 ⇨ 인더비쥬앨러티

2001 ① ② ③

너희 반에 **게으른** 애가 있니?
응, 반 인(in)에 게으르고 덜렁대는
애가 있어.

☺ 게으른 ⇨ 인덜런트

2002 ① ② ③

실내에서 공부하고 있는 언어는 뭐야?
인도어야.

☺ 실내의 ⇨ 인도얼

2003 ① ② ③

안에 들어가서 **뭘 권유**했니?
인(in)에 들어가서 주스 마시라고
권유했어.

☺ 권유하다 ⇨ 인듀-스

2004 ① ② ③

그는 춤에 **빠져** 방 안에서 뭐 해?
방 인(in)에서 몸을 떨지.

☺ 빠지다 ⇨ 인덜쥐

1993	찾아보기

① ② ③ ④ ⑤

1994	지적하다

① ② ③ ④ ⑤

1995	대수롭지 않은

① ② ③ ④ ⑤

1996	분개

① ② ③ ④ ⑤

1997	없어선 안 될

① ② ③ ④ ⑤

1998	각각의

① ② ③ ④ ⑤

1999	개인주의

① ② ③ ④ ⑤

2000	개성

① ② ③ ④ ⑤

2001	게으른

① ② ③ ④ ⑤

2002	실내의

① ② ③ ④ ⑤

2003	권유하다

① ② ③ ④ ⑤

2004	빠지다

① ② ③ ④ ⑤

1993	index [índeks]	① ② ③ ④		색인, 찾아보기, 색인을 붙이다	① ② ③ ④
1994	indicate [índikèit]	① ② ③ ④		가리키다, 지적하다	① ② ③ ④
1995	indifferent [indífərənt]	① ② ③ ④		무관심한, 대수롭지 않은	① ② ③ ④
1996	indignation [indignéiʃən]	① ② ③ ④		분노, 분개	① ② ③ ④
1997	indispensable [indispénsəbl]	① ② ③ ④		필수 불가결한, 필수적인, 없어선 안 될	① ② ③ ④
1998	individual [indivídʒəl]	① ② ③ ④		개개의, 각개의, 일개인의, 개인적인, 개인	① ② ③ ④
1999	individualism [indəvídʒuəlìzəm]	① ② ③ ④		개인주의(의)	① ② ③ ④
2000	individuality [ìndəvìdʒuǽləti]	① ② ③ ④		개성, 개인, 성격	① ② ③ ④
2001	indolent [índələnt]	① ② ③ ④		게으른, 무통(성)의	① ② ③ ④
2002	indoor [índɔ̀:r]	① ② ③ ④		실내의, 옥내의	① ② ③ ④
2003	induce [indjú:s]	① ② ③ ④		꾀다, 권유하다, 야기하다	① ② ③ ④
2004	indulge [indʌ́ldʒ]	① ② ③ ④		만족시키다, 즐겁게 하다, 빠지다	① ② ③ ④

✓ STEP 1

2005 ① ② ③

산업용 목재는 어디서 온 거야?
인도네시아 숲들이요.

☺ 산업용 ⇨ 인더스트리얼

2006 ① ② ③

근면한 여성은 어느 나라
스튜어디스야?
인도의 스튜어디스예요.

☺ 근면한 ⇨ 인더스트리어스

2007 ① ② ③

인도네시아의 주력 **산업**은?
인도네시아는 수풀에 트리(tree)가
많아 목재 산업이야.

☺ 산업 ⇨ 인더스트리

2008 ① ② ③

식수로 **부적당** 한 물은 뭐야?
인(p)이 다량으로 콸콸 흘러 나오는 물.

☺ 부적당 ⇨ 이니콸러티

2009 ① ② ③

활발하지 못한 인어는 몇 명이야?
그런 인어는 두 명이야.

☺ 활발하지 못한 ⇨ 이널-트

2010 ① ② ③

쥐가 **피할 수 없는** 이유는?
구석 인(in)에 비쳐진 불빛이 눈부셔서.

☺ 피할 수 없는 ⇨ 이네비터벌

2011 ① ② ③

머리가 **수치스러운** 이유는?
미용실 인(in)에서 퍼머를 엉망으로
했어.

☺ 수치스러운 ⇨ 인퍼머스

2012 ① ② ③

유아들 마음속은 어때?
인(in), 속이 훤하게 트여 보여.

☺ 유아 ⇨ 인펀트

2013 ① ② ③

공부 못하게 **영향을 미치는** 인간에게?
그런 인간은 펙! 하고 뭐라고 해.

☺ 영향을 미치다 ⇨ 인펙트

2014 ① ② ③

외국 패션이 **전염병**처럼 퍼지는
이유는?
인제 패션이 서양화 되어서 그래.

☺ 전염병 ⇨ 인펙션

2015 ① ② ③

어떻게 **추리**했니?
현장 인(in), 안에서 퍼낸 땅속
증거물에서.

☺ 추리하다 ⇨ 인퍼-

2016 ① ② ③

인도양 **아래쪽으로** 항해하는 배
이름은?
인페리얼호.

☺ 아래쪽의 ⇨ 인피어리얼

2005	산업용
2006	근면한
2007	산업

① ② ③ ④ ⑤

2008	부적당
2009	활발하지 못한
2010	피할 수 없는

① ② ③ ④ ⑤

2011	수치스러운
2012	유아
2013	영향을 미치다

① ② ③ ④ ⑤

2014	전염병
2015	추리하다
2016	아래쪽의

① ② ③ ④ ⑤

		①	②			①	②
2005	**industrial** [indʌ́striəl]	③	④		공업 (상)의, 공업용의, 산업(상)의, 산업용의, 산업 노동자	③	④
2006	**industrious** [indʌ́striəs]	①	②		근면한, 열심인	①	②
		③	④			③	④
2007	**industry** [índəstri]	①	②		공업, 산업, 근면	①	②
		③	④			③	④
2008	**inequality** [ìnikwáləti]	①	②		같지 않음, 불평등, 부적당	①	②
		③	④			③	④
2009	**inert** [inə́:rt]	①	②		활발하지 못한	①	②
		③	④			③	④
2010	**inevitable** [inévitəbəl]	①	②		피할 수 없는, 필연의	①	②
		③	④			③	④
2011	**infamous** [ínfəməs]	①	②		수치스러운, 악명 높은	①	②
		③	④			③	④
2012	**infant** [ínfənt]	①	②		유아, 유아의, 초기의	①	②
		③	④			③	④
2013	**infect** [infékt]	①	②		~에 감염시키다, ~에 영향을 미치다	①	②
		③	④			③	④
2014	**infection** [infékʃən]	①	②		전염, 전염병	①	②
		③	④			③	④
2015	**infer** [infə́:r]	①	②		추리하다, 나타내다	①	②
		③	④			③	④
2016	**inferior** [infíəriər]	①	②		아래쪽의, 떨어지는	①	②
		③	④			③	④

✓ STEP 1

2017 ① ② ③

불모의 사이트를 살리는 길은?
인제 포털 사이트 바꾸면 돼.

☺ 불모의 ⇨ 인펄-털

2018 ① ② ③

막대한 돈을 어떻게 할까?
가방 인(in)에 퍼 넣어!

☺ 막대한 ⇨ 인퍼니트

2019 ① ② ③

빵을 어디에 넣고 **부풀려?**
오븐 인(in), 안에 플레이트(plate)에
넣고 돌려.

☺ 부풀리다 ⇨ 인플레이트

2020 ① ② ③

통화량이 **팽창**하여 돈 가치가
떨어지는 것은?
인플레이션!

☺ 팽창 ⇨ 인플레이션

2021 ① ② ③

어떻게 상처를 **입혔어?**
인정사정없이 후리듯 때렸어.

☺ 입히다 ⇨ 인플릭트

2022 ① ② ③

사이언스에 **영향**을 준 칵테일?
인도 프루트칵테일은 사이언스에
영향을 미쳤어.

☺ 영향 ⇨ 인플루언스

2023 ① ② ③

독감 예방을 위해서 맞는 주사는?
인플루엔자 주사.
☺ 독감 ⇨ 인플루엔저

2024 ① ② ③

역에서 무엇을 **알려줬어?**
역 인(in)에 플랫폼 간격.
☺ 알리다 ⇨ 인포옴

2025 ① ② ③

적외선 치료는 어떻게 해?
인체에 퍼지는 레드(red) 불빛으로.
☺ 적외선의 ⇨ 인프러레드

2026 ① ② ③

주입식으로 외우니 머리가 안 아파?
머리 인(in), 속 퓨즈가 나갈 것
같아요.
☺ 주입하다 ⇨ 인퓨-즈

2027 ① ② ③

발명의 천재는 누구야?
방 인(in)에 있는 지니어스(genius).

☺ 발명의 ⇨ 인지-니어스

2028 ① ② ③

솔직한 사람은 언제 누웠어?
네, 인제 누웠어요.

☺ 솔직한 ⇨ 인제뉴어스

2017 불모의	2018 막대한	2019 부풀리다
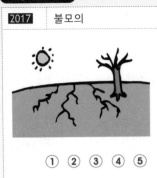		
① ② ③ ④ ⑤	① ② ③ ④ ⑤	① ② ③ ④ ⑤

2020 팽창	2021 입히다	2022 영향

① ② ③ ④ ⑤	① ② ③ ④ ⑤	① ② ③ ④ ⑤

2023 독감	2024 알리다	2025 적외선의

① ② ③ ④ ⑤	① ② ③ ④ ⑤	① ② ③ ④ ⑤

2026 주입하다	2027 발명의	2028 솔직한

① ② ③ ④ ⑤	① ② ③ ④ ⑤	① ② ③ ④ ⑤

2017	**infertile** [infə́:rtəl]	① ② ③ ④		비옥하지 않은, 불모의	① ② ③ ④
2018	**infinite** [infənət]	① ② ③ ④		무한한, 막대한	① ② ③ ④
2019	**inflate** [infléit]	① ② ③ ④		부풀리다, 팽창시키다	① ② ③ ④
2020	**inflation** [infléiʃən]	① ② ③ ④		팽창, 인플레	① ② ③ ④
2021	**inflict** [inflíkt]	① ② ③ ④		주다, 입히다, 과하다	① ② ③ ④
2022	**influence** [influəns]	① ② ③ ④		영향, 세력, 영향을 미치다	① ② ③ ④
2023	**influenza** [ìnfluénzə]	① ② ③ ④		유행성 감기, 독감	① ② ③ ④
2024	**inform** [infɔ́:rm]	① ② ③ ④		알리다, 통지하다	① ② ③ ④
2025	**infrared** [ìnfrəréd]	① ② ③ ④		적외선의	① ② ③ ④
2026	**infuse** [infjú:z]	① ② ③ ④		주입하다, 우려내다	① ② ③ ④
2027	**ingenious** [indʒí:njəs]	① ② ③ ④		발명의, 재간 있는, 교묘한	① ② ③ ④
2028	**ingenuous** [indʒénjuəs]	① ② ③ ④		솔직한, 순진한	① ② ③ ④

✓ STEP 1

2029 ① ② ③

재료가 특이해요?
백인 애가 그리던 인디언 그림이
특이한 재료를 썼어요.
☺ 재료 ⇨ 인그리-디언트

2030 ① ② ③

빛이 많이 **존재 하니?**
보증으로 인해 빚이 많아.
☺ 존재하다 ⇨ 인해비트

2031 ① ② ③

사람들을 **빨아드리고 있는** 것은?
집 인(in) 까지 들어온 해일.
☺ 빨아들이다 ⇨ 인헤일

2032 ① ② ③

타고난 땅을 인허가 받으면 뭐 할
거야?
인허가 받으면 렌트 사업하려고.
☺ 타고난 ⇨ 인히어런트

2033 ① ② ③

이제 누구에게 재산 **상속할 거야?**
인제 헤리에게.
☺ 상속하다 ⇨ 인헤리트

2034 ① ② ③

어디 있는 **유산을** 털었니?
집 인(in)에 있는 헤리의 유산을
털어!
☺ 유산 ⇨ 인헤리턴스

2035 ① ② ③

최초의 머리글자를 뭐라고 해?
이니셜!
☺ 최초의 머리글자 ⇨ 이니셜

2036 ① ② ③

누가 쳐들어오기 **시작했니?**
하은이니? 쉿! 에일(eight), 8명의
군인이야.
☺ 시작하다 ⇨ 이니쉬에일

2037 ① ② ③

주사할 겁니다?
인제 틀지 않을 테니 안 아프게 놔
주세요!
☺ 주사하다 ⇨ 인젝트

2038 ① ② ③

칼로 사람 **다치게 해서** 뭐라고 했어?
너 칼 인(이리) 줘!
☺ 다치게 하다 ⇨ 인저

2039 ① ② ③

불법으로 들여온 보석은 어디 것이야?
스페인 쥬얼리에요, 어서 가져가세요.
☺ 불법의 ⇨ 인쥬어리어스

2040 ① ② ③

식도의 **상처는** 뭘 먹다가 그랬어?
인절미 먹다가 그랬어.
☺ 상처 ⇨ 인저리

2029 재료

① ② ③ ④ ⑤

2030 존재하다

① ② ③ ④ ⑤

2031 빨아들이다

① ② ③ ④ ⑤

2032 타고난

① ② ③ ④ ⑤

2033 상속하다

① ② ③ ④ ⑤

2034 유산

① ② ③ ④ ⑤

2035 최초의 머리글자

① ② ③ ④ ⑤

2036 시작하다

① ② ③ ④ ⑤

2037 주사하다

① ② ③ ④ ⑤

2038 다치게 하다

① ② ③ ④ ⑤

2039 불법의

① ② ③ ④ ⑤

2040 상처

① ② ③ ④ ⑤

2029	ingredient [íngrí:diənt]	①	②		성분, 재료	①	②
		③	④			③	④
2030	inhabit [inhǽbit]	①	②		-에 살다, 존재하다	①	②
		③	④			③	④
2031	inhale [inhéil]	①	②		빨아들이다, 흡입하다	①	②
		③	④			③	④
2032	inherent [inhíərənt]	①	②		본래부터 가지고 있는, 고유의, 본래의, 타고난, 선천적인	①	②
		③	④			③	④
2033	inherit [inhérit]	①	②		상속하다, 물려받다	①	②
		③	④			③	④
2034	inheritance [inhérətəns]	①	②		상속, 유산	①	②
		③	④			③	④
2035	initial [iniʃəl]	①	②		최초의 머리글자(의)	①	②
		③	④			③	④
2036	initiate [iniʃièit]	①	②		시작하다, 입문하다	①	②
		③	④			③	④
2037	inject [indʒékt]	①	②		주입(주사)하다, 삽입하다	①	②
		③	④			③	④
2038	injure [índʒər]	①	②		다치게 하다, 상처 입히다	①	②
		③	④			③	④
2039	injurious [indʒúəriəs]	①	②		해가되는, 유해한 , 불법의	①	②
		③	④			③	④
2040	injury [índʒəri]	①	②		(사고 등에 의한) 상해, 상처, 위해, 손상, 손해	①	②
		③	④			③	④

✓ STEP 1

2041 ① ② ③

불법을 저지르는 것을 계속 할 거니?
인제 수치스러워서 안 해!

☺ 불법 ⇨ 인져스티스

2042 ① ② ③

누가 **여인숙**에 들어갔어?
한 여인이 들어갔어.

☺ 여인숙 ⇨ 인

2043 ① ② ③

선천적인 병에 걸린 애는 좀 어때?
병에 걸린 애가 이틀 동안
치료받았어.

☺ 선천적인 ⇨ 인에이트

2044 ① ② ③

바다 **안은** 뭐가 살고 있어?
인어공주가 살고 있어.

☺ 안의 ⇨ 이널

2045 ① ② ③

순진한 인어공주가 수줍은가봐?
인어공주가 선뜻 못 나서고 벽에
숨었네.

☺ 순진한 ⇨ 인어슨트

2046 ① ② ③

혁신하기 위해 누굴 베야할까?
이놈을 베어내야 해.

☺ 혁신하다 ⇨ 이너베이트

2047 ① ② ③

혁신을 위해 부패한 관리는 뭐라고
했어?
이놈을 베이소!

☺ 혁신 ⇨ 이너베이션

2048 ① ② ③

수많은 인간들이 영양 결핍이니?
인제는 거의 눈멀어 간대, 불쌍해.

☺ 수많은 ⇨ 이뉴-머러벌

2049 ① ② ③

인터넷아이디는 **입력했니?**
인터넷아이디는 풀(foot), 발로
입력했어.

☺ 입력 ⇨ 인풀

2050 ① ② ③

경찰이 **조사하니** 울음을 터뜨린 사람은?
부인과 이어 아이들까지.

☺ 조사하다 ⇨ 인콰이어

2051 ① ② ③

호기심 많은 아이가 퀴즈 보며 뭐래?
이 퀴즈, TV 프로에 나왔던 문제야.

☺ 호기심 많은 ⇨ 인퀴저티브

2052 ① ② ③

미친 누가 너에게 인사했니?
미친 인쇄소 아저씨가 내게 인사했어.

☺ 미친 ⇨ 인세인

2041 불법	2042 여인숙	2043 선천적인

① ② ③ ④ ⑤	① ② ③ ④ ⑤	① ② ③ ④ ⑤

2044 안의	2045 순진한	2046 혁신하다

① ② ③ ④ ⑤	① ② ③ ④ ⑤	① ② ③ ④ ⑤

2047 혁신	2048 수많은	2049 입력

① ② ③ ④ ⑤	① ② ③ ④ ⑤	① ② ③ ④ ⑤

2050 조사하다	2051 호기심 많은	2052 미친

① ② ③ ④ ⑤	① ② ③ ④ ⑤	① ② ③ ④ ⑤

		①	②			①	②
2041	injustice [indʒʌ́stis]	③	④		부정, 불법, 불공정	③	④
2042	inn [in]	①	②		여인숙, 여관	①	②
		③	④			③	④
2043	innate [inéit]	①	②		(성질 따위가) 타고난, 생득의, 천부의, 선천적인	①	②
		③	④			③	④
2044	inner [inər]	①	②		안의, 내부의	①	②
		③	④			③	④
2045	innocent [ínəsənt]	①	②		무구한, 순진한, 결백한	①	②
		③	④			③	④
2046	innovate [ínouvèit]	①	②		쇄신, 혁신하다	①	②
		③	④			③	④
2047	innovation [ìnouvéiʃən]	①	②		혁신, 쇄신	①	②
		③	④			③	④
2048	innumerable [injú:mərəbəl]	①	②		셀 수 없는, 무수한, 대단히 많은	①	②
		③	④			③	④
2049	input [ínpùt]	①	②		입력, 투입, 입력하다	①	②
		③	④			③	④
2050	inquire [inkwáiər]	①	②		묻다, 조사하다	①	②
		③	④			③	④
2051	inquisitive [inkwízətiv]	①	②		호기심이 많은	①	②
		③	④			③	④
2052	insane [inséin]	①	②		미친, 광기의	①	②
		③	④			③	④

✓ STEP 1

2053 ① ② ③

곤충 잡이에 인수가 있었어?
인수는 딴 데로 샜더라.

☺ 곤충 ⇨ 인섹트

2054 ① ② ③

살충제는 벽 어디에 썼어?
인(in)에 썼던 것을 벽
사이드(side)에도 썼어!

☺ 살충제 ⇨ 인섹터사이드

2055 ① ② ③

책 사이에 **끼워 넣은** 종이를 어디에
빠트렸어?
녹인 것, 설탕물에 빠트렸어.

☺ 끼워 넣다 ⇨ 인설-트

2056 ① ② ③

안에 계신 아버님께 인사드렸어?
인사 드렸어.

☺ 안 ⇨ 인사이드

2057 ① ② ③

통찰력이 필요한 사업은?
인터넷 사이트 운영이야.

☺ 통찰력 ⇨ 인사이트

2058 ① ② ③

그녀는 누구에게 **주장하고** 있니?
인정이 많은 시스트, 여동생에게.

☺ 주장하다 ⇨ 인시스트

2059 ① ② ③

영어를 잘한다고 **뻐기지** 않니?
인수는 발음이 엑설런트 하잖아!

☺ 뻐기는 ⇨ 인설런트

2060 ① ② ③

불면증으로 뭐가 좋아요?
인삼이니까 아빠께 가져다 드려라.

☺ 불면증 ⇨ 인섬니아

2061 ① ② ③

철저히 **조사했나요?**
네, 인제 숲에 있는 트럭만 조사하면
돼요.

☺ 조사하다 ⇨ 인스펙트

2062 ① ② ③

누구를 **고무시켰어?**
외국인 스파이.

☺ 고무하다 ⇨ 인스파이어

2063 ① ② ③

인수는 **설치하면서** 무슨 껌을 씹니?
인수는 자일리톨 껌을 씹고 있어요.

☺ 설치하다 ⇨ 인스토올

2064 ① ② ③

이 숲에 조명 **설치**는 돈 내나요?
예, 이 숲도 돈 내이소!

☺ 설치 ⇨ 인스털레이션

2053 곤충	2054 살충제	2055 끼워 넣다

① ② ③ ④ ⑤	① ② ③ ④ ⑤	① ② ③ ④ ⑤

2056 안	2057 통찰력	2058 주장하다

① ② ③ ④ ⑤	① ② ③ ④ ⑤	① ② ③ ④ ⑤

2059 뻐기는	2060 불면증	2061 조사하다

① ② ③ ④ ⑤	① ② ③ ④ ⑤	① ② ③ ④ ⑤

2062 고무하다	2063 설치하다	2064 설치

① ② ③ ④ ⑤	① ② ③ ④ ⑤	① ② ③ ④ ⑤

No.	Word	①	②		뜻	①	②
2053	**insect** [ínsekt]	①	②		곤충	①	②
		③	④			③	④
2054	**insecticide** [inséktəsàid]	①	②		살충(제)	①	②
		③	④			③	④
2055	**insert** [insə́:rt]	①	②		끼워 넣다, 적어 넣다	①	②
		③	④			③	④
2056	**inside** [insáid]	①	②		안쪽, 안	①	②
		③	④			③	④
2057	**insight** [insait]	①	②		통찰(력), 간파	①	②
		③	④			③	④
2058	**insist** [insist]	①	②		주장하다, 우기다, 강요하다	①	②
		③	④			③	④
2059	**insolent** [insələnt]	①	②		뻐기는, 무례한	①	②
		③	④			③	④
2060	**insomnia** [insάmniə]	①	②		불면증	①	②
		③	④			③	④
2061	**inspect** [inspékt]	①	②		조사(검사)하다, 시찰하다	①	②
		③	④			③	④
2062	**inspire** [inspáiər]	①	②		고무[격려]하다, 발분시키다, 고무시켜 ~할 마음이 되게 하다, 영감을 주다, 불어넣다	①	②
		③	④			③	④
2063	**install** [instɔ́:l]	①	②		설치하다, 취임시키다	①	②
		③	④			③	④
2064	**installation** [instəléiʃən]	①	②		임명, 설치, 설비	①	②
		③	④			③	④

✓ STEP 1

2065 ① ② ③

실례를 든다면, 어떤 식품이 있나요?
인스턴트 식품!
☺ 실례 ⇨ 인스턴스

2066 ① ② ③

즉시 요리 가능한 식품은?
인스턴트식품!
☺ 즉시 ⇨ 인스턴트

2067 ① ② ③

천성적으로 언제 잘 튕기니?
인수인계할 때 잘 튕겨.
☺ 천성 ⇨ 인스팅트

2068 ① ② ③

인수는 레고를 **만들고** 나서 뭐 했어?
인수는 스터디는 안하고 **튀**었어요.
☺ 만들다 ⇨ 인스터튜-트

2069 ① ② ③

그는 **기관**의 인수 때 있었나요?
인수 때 튀어선 없었어요.
☺ 기관 ⇨ 인스터튜-션

2070 ① ② ③

무엇을 옮겨달라고 **지시했어**?
인수한 **트럭**도 옮겨달라고.
☺ 지시하다 ⇨ 인스트럭트

2071 ① ② ③

어떤 트럭으로 **훈련**을 할까?
내가 **인수**한 **트럭**으로.

☺ 훈련 ⇨ 인스트럭션

2072 ① ② ③

악기는 몇 개나 만들 거야?
인(in)에 구멍 **뚫어** 많은 악기를 만들
거야.
☺ 악기 ⇨ 인스트러먼트

2073 ① ② ③

격리해서 뭘 하게 할까?
인제 술래를 **이틀** 동안 하게 해.

☺ 격리하다 ⇨ 인설레이트

2074 ① ② ③

왜 **모욕**을 했니?
아이들 **인솔**도 못 해서.
☺ 모욕 ⇨ 인설트

2075 ① ② ③

보험 들고 인수가 어떻게 변했어?
인수가 **어른스러워** 졌어요.
☺ 보험 ⇨ 인슈어런스

2076 ① ② ③

보험 계약하니 일이 어때요?
일이 **수월해** 졌어요.
☺ 보험 계약하다 ⇨ 인슈어

2065 실례	2066 즉시	2067 천성

① ② ③ ④ ⑤	① ② ③ ④ ⑤	① ② ③ ④ ⑤

2068 만들다	2069 기관	2070 지시하다

① ② ③ ④ ⑤	① ② ③ ④ ⑤	① ② ③ ④ ⑤

2071 훈련	2072 악기	2073 격리하다

① ② ③ ④ ⑤	① ② ③ ④ ⑤	① ② ③ ④ ⑤

2074 모욕	2075 보험	2076 보험 계약하다

① ② ③ ④ ⑤	① ② ③ ④ ⑤	① ② ③ ④ ⑤

2065	**instance** [ínstəns]	① ② ③ ④		실례(예증), 경우, 단계, 보기	① ② ③ ④
2066	**instant** [ínstənt]	① ② ③ ④		즉시의, 이 달의, 순간	① ② ③ ④
2067	**instinct** [ínstiŋkt]	① ② ③ ④		본능, 천성	① ② ③ ④
2068	**institute** [ínstətjùːt]	① ② ③ ④		만들다, 설치하다	① ② ③ ④
2069	**institution** [institjúʃən]	① ② ③ ④		회, 시설, 기관, 제도, 관례	① ② ③ ④
2070	**instruct** [instrʌ́kt]	① ② ③ ④		가르치다, 지시하다	① ② ③ ④
2071	**instruction** [instrʌ́kʃən]	① ② ③ ④		훈련, 교수, 교훈, 지시	① ② ③ ④
2072	**instrument** [ínstrumənt]	① ② ③ ④		기계, 기구, 악기, 수단	① ② ③ ④
2073	**insulate** [ínsəlèit]	① ② ③ ④		격리하다, 고립시키다	① ② ③ ④
2074	**insult** [insʌ́lt]	① ② ③ ④		모욕(하다), 무례	① ② ③ ④
2075	**insurance** [inʃúərəns]	① ② ③ ④		보험(-금, -료), 보증	① ② ③ ④
2076	**insure** [inʃúər]	① ② ③ ④		보험 계약하다, 보증하다	① ② ③ ④

✓ STEP 1

2077 ① ② ③

자동차 사고에도 **온전한** 상태네?
인태는 특이하게 온전해.
☺ 온전한 ⇨ 인택트

2078 ① ② ③

저 볼(ball)은 왜 **만질 수 없어?**
내가 볼 땐 저 볼은 레이저 영상이야.
☺ 만질 수 없는 것 ⇨ 인탠저벌

2079 ① ② ③

통합해서 인테리어를 해줄 수 있나요?
인테리어를 그렇게 하면 좋지 않아요.
☺ 통합하다 ⇨ 인테그레이트

2080 ① ② ③

인터넷회사 **통합**이 필요해?
인터넷 회사만, 그래서 합쳐야 돼.
☺ 통합 ⇨ 인테그레이션

2081 ① ② ③

성실히 했는데 어때?
인테리어가 좀 그러네.
☺ 성실 ⇨ 인테그러티

2082 ① ② ③

지성 있는 아이가 하다가 걸린 것?
인터넷하다 렉(wreck)이 걸렸어.
☺ 지성 ⇨ 인털렉트

2083 ① ② ③

지적인 아이가 뭐하고 있어?
인터넷하다 렉 걸리고 추워 울고
있어.

☺ 지적인 ⇨ 인텔렉츄얼

2084 ① ② ③

지적인 삼촌은 이태리에서 무슨 일
해?
이태리에서 **전투기** 조정해.

☺ 지적인 ⇨ 인텔러전트

2085 ① ② ③

이태리 사람이 **이해할 수 있는** 책
있어요?
네, **이탤리** 사람도 종이 **접**을 수 있는
책이에요.
☺ 이해할 수 있는 ⇨ 인텔러져벌

2086 ① ② ③

오늘 뭐 **할 작정이야?**
친구들이 모인 **텐트**에 가려고.

☺ ~할 작정이다 ⇨ 인텐트

2087 ① ② ③

격렬한 댄스는 어디서 배웠어?
흑인한테 댄스를 배웠어.

☺ 격렬한 ⇨ 인텐스

2088 ① ② ③

몇 명을 **증강하는** 광고가 나왔니?
구인광고에 텐(10), 열 명의 스파이를
모집하고 있어.
☺ 증강하다 ⇨ 인텐서파이

2077 온전한	2078 만질 수 없는 것	2079 통합하다

① ② ③ ④ ⑤

① ② ③ ④ ⑤

① ② ③ ④ ⑤

2080 통합	2081 성실	2082 지성

① ② ③ ④ ⑤

① ② ③ ④ ⑤

① ② ③ ④ ⑤

2083 지적인	2084 지적인	2085 이해할 수 있는

① ② ③ ④ ⑤

① ② ③ ④ ⑤

① ② ③ ④ ⑤

2086 ~할 작정이다	2087 격렬한	2088 증강하다

① ② ③ ④ ⑤

① ② ③ ④ ⑤

① ② ③ ④ ⑤

2077	**intact** [intǽkt]	① ② ③ ④		본래대로의, 손대지 않은, 온전한, 완전한	① ② ③ ④
2078	**intangible** [intǽndʒəbəl]	① ② ③ ④		만질 수 없는, 만져서 알 수 없는, 무형의 만질 수 없는 것, 무형의 것, 파악하기 어려운 것	① ② ③ ④
2079	**integrate** [íntəgrèit]	① ② ③ ④		통합하다, 인종차별을 철폐하다	① ② ③ ④
2080	**integration** [ìntəgréiʃən]	① ② ③ ④		통합, 완성, 적분법	① ② ③ ④
2081	**integrity** [intégrəti]	① ② ③ ④		성실, 정직(honesty), 고결(uprightness), 청렴, 완전, 무결(의 상태), 보전, 본래의 모습	① ② ③ ④
2082	**intellect** [íntəlèkt]	① ② ③ ④		지력, 지성	① ② ③ ④
2083	**intellectual** [ìntəléktʃuəl]	① ② ③ ④		지적인, 지력의, 지능적인, 지능을 요하는, 두뇌를 쓰는, 지력이 뛰어난	① ② ③ ④
2084	**intelligent** [intélidʒənt]	① ② ③ ④		지적인, 지성을 갖춘, 지능이 있는, 이해력이 뛰어난, 영리한	① ② ③ ④
2085	**intelligible** [intélidʒəbl]	① ② ③ ④		이해할 수 있는, 명료한	① ② ③ ④
2086	**intend** [inténd]	① ② ③ ④		의도하다, ~할 작정이다, ~으로 예정하다	① ② ③ ④
2087	**intense** [inténs]	① ② ③ ④		격렬한, 심한	① ② ③ ④
2088	**intensify** [inténsəfà]	① ② ③ ④		격렬(강렬)하게 하다, ~의 도를 더하다, 증강(증배)하다	① ② ③ ④

1421 *리셉션(reception)
접대, 환영회
*리셉션룸(reception room): (호텔, 회사-등의) 직원이 있고 카운터가 있는 룸

1468 *스텐실(stencil) 기법:
형태를 오려놓고 그 속에 물감을 채워 넣는 기법

1471 *터미네이터(terminator):
끝내는 사람, 말살자, 종말자

1529 *피어싱(piercing):
귀나 배꼽 등 신체의 특정 부위를 뚫어 링이나 막대 모양의 장신구로 치장하는 일

1583 *블링블링(Bling Bling):
자메이카어의 속어로-아메리칸 랩퍼에 의해 유명해진 단어이다. 다이아몬드-등에 빛이 반사될 때 나는 것을 상상하게 만들어 이런 단어가 사용되었다. 힙합분야에서 나온 신조어로 '반짝거리는'이란 뜻이다. -출처: 네이버 위키백과

MEMO

MEMO

MEMO

MEMO

MEMO

MEMO

MEMO